中华人民共和国行业标准

公路工程施工安全技术规范

Safety Technical Specifications for Highway Engineering Construction

JTG F90—2015

主编单位：中国交通建设股份有限公司
　　　　　中交第四公路工程局有限公司
批准部门：中华人民共和国交通运输部
实施日期：2015 年 05 月 01 日

人民交通出版社股份有限公司

图书在版编目（CIP）数据

公路工程施工安全技术规范：JTG F90—2015/中国交通建设股份有限公司，中交第四公路工程局有限公司主编．—北京：人民交通出版社股份有限公司，2015.4
ISBN 978-7-114-12138-8

Ⅰ．①公… Ⅱ．①中…②中… Ⅲ．①道路施工—安全技术—技术规范 Ⅳ．①U415.12-65

中国版本图书馆 CIP 数据核字（2015）第 057769 号

标准类型：	中华人民共和国行业标准
标准名称：	公路工程施工安全技术规范
标准编号：	JTG F90—2015
主编单位：	中国交通建设股份有限公司
	中交第四公路工程局有限公司
责任编辑：	吴有铭
出版发行：	人民交通出版社股份有限公司
地　　址：	（100011）北京市朝阳区安定门外外馆斜街 3 号
网　　址：	http://www.ccpress.com.cn
销售电话：	（010）59757973
总 经 销：	人民交通出版社股份有限公司发行部
经　　销：	各地新华书店
印　　刷：	北京市密东印刷有限公司
开　　本：	880×1230　1/16
印　　张：	8
字　　数：	173 千
版　　次：	2015 年 4 月　第 1 版
印　　次：	2024 年 9 月　第 15 次印刷
书　　号：	ISBN 978-7-114-12138-8
定　　价：	68.00 元

（有印刷、装订质量问题的图书，由本公司负责调换）

中华人民共和国交通运输部

公 告

第 10 号

交通运输部关于发布
《公路工程施工安全技术规范》的公告

现发布《公路工程施工安全技术规范》（JTG F90—2015），作为公路工程行业标准，自 2015 年 5 月 1 日起施行，原《公路工程施工安全技术规程》（JTJ 076—95）同时废止。

《公路工程施工安全技术规范》（JTG F90—2015）管理权和解释权归交通运输部，日常解释和管理工作由主编单位中国交通建设股份有限公司负责。

请各有关单位注意在实践中总结经验，及时将发现的问题和修改意见函告中国交通建设股份有限公司（地址：北京市西城区德胜门外大街 85 号，邮编：100088），以便修订时研用。

特此公告。

中华人民共和国交通运输部
2015 年 2 月 10 日

交通运输部办公厅　　　　　　　　　　　　　　　　　　2015 年 2 月 11 日印发

前 言

根据交通运输部厅公路字〔2012〕184号《交通运输部办公厅关于下达2012年度公路工程行业标准制修订项目计划的通知》的要求，由中国交通建设股份有限公司和中交第四公路工程局有限公司作为主编单位共同承担《公路工程施工安全技术规程》（JTJ 076—95）（以下简称原规程）的修订工作。

本规范是对原规程的全面修订。经批准颁发后以《公路工程施工安全技术规范》（JTG F90—2015）颁布实施。

本规范修订中注重公路工程施工安全技术的科学性、先进性、通用性和特殊性，总结分析了国内公路工程实践，参考了国家、行业有关标准规范，调研了国外公路工程安全管理经验。修订过程中始终贯彻"安全第一、预防为主、综合治理"的原则，围绕施工工序，强化危险源控制，规范公路工程施工安全技术。

本规范共分为12章和5个附录，修订的主要内容为：

（1）根据公路工程建设实际，扩大了本规范适用范围；

（2）在原有章节的基础上，增加了术语、交通安全设施、改扩建工程三章；

（3）补充了危险源辨识、特种设备管理等要求，增加了施工便道、栈桥、生产生活用水、临时用电等相关规定；

（4）将原规程第8章主要工序作业调整为本规范第5章通用作业，补充了支架及模板工程、起重吊装、水上作业、爆破作业等规定；

（5）路基工程中补充了人工挖孔、排水工程、软基处理、特殊路基处理等规定，调整了路面工程章节结构和内容；

（6）根据桥涵工程面临的施工风险，大幅增加了围堰施工、高墩施工等方面内容，补充了悬索桥、斜拉桥等桥型的相关规定，并按照桥梁结构形式和部位对章节结构进行了调整；

（7）隧道工程补充了大量内容，增加了盾构施工、水下隧道、小净距及连拱隧道、监控量测、逃生与救援、不良地质和特殊岩土地段等方面规定；

（8）原规程第9章特殊季节与夜间施工调整为本规范第12章特殊季节与特殊环境施工，并增加了台风季节施工、汛期施工、沙漠地区施工、高海拔地区施工等内容；

（9）原规程第10章内容调整至本规范改扩建工程等相应章节；

（10）增加了附录A～附录E。

请各有关单位在执行过程中，将发现的问题和意见，函告本规范日常管理组，联系人：张斌（地址：北京市西城区德胜门外大街85号，中国交通建设股份有限公司，邮编：100088；电话：010-82016852；传真：010-82016854；电子邮箱：zhangbin@

ccccltd. cn），以便修订时参考。

主 编 单 位：中国交通建设股份有限公司
中交第四公路工程局有限公司
参 编 单 位：中交第二公路工程局有限公司
中交第二航务工程局有限公司
中交隧道工程局有限公司
中交第一公路工程局有限公司
中交第三公路工程局有限公司
交通运输部工程质量监督局
重庆市交通委员会基本建设工程质量和安全监督站
陕西省交通厅基本建设工程质量监督站
主　　　　编：李庆伟
主要参编人员：吴向民　曹信红　常福立　王　昕　李　松　吕树胜
崔振东　张晓东　彭国才　桂志敬　程德宏　张　毅
主　　　　审：周绪利
参与审查人员：钱寅泉　李新杰　孙荣山　杨黔江　王　辉　黄淞文
黄少文　田克平　郭光松　卓　越　陈彦君　李　伟
刘永波　程崇国　方东平
参 加 人 员：张　斌　张　权　孙　佳

目　次

1　总则 ··· 1
2　术语 ··· 2
3　基本规定 ··· 4
4　施工准备 ··· 6
　4.1　驻地和场站建设 ··· 6
　4.2　施工便道 ·· 7
　4.3　临时码头和栈桥 ··· 7
　4.4　施工临时用电 ·· 8
　4.5　生产生活用水 ·· 10
　4.6　施工机械设备 ·· 10
5　通用作业 ··· 12
　5.1　测量作业 ·· 12
　5.2　支架及模板工程 ··· 12
　5.3　钢筋工程 ·· 15
　5.4　混凝土工程 ··· 15
　5.5　电焊与气焊 ··· 16
　5.6　起重吊装 ·· 18
　5.7　高处作业 ·· 19
　5.8　水上作业 ·· 23
　5.9　潜水作业 ·· 25
　5.10　爆破作业 ·· 26
　5.11　小型机具 ·· 27
　5.12　涂装作业 ·· 28
6　路基工程 ··· 29
　6.1　一般规定 ·· 29
　6.2　场地清理 ·· 29
　6.3　土方工程 ·· 30
　6.4　石方工程 ·· 31
　6.5　防护工程 ·· 31
　6.6　排水工程 ·· 33
　6.7　软基处理 ·· 33

— 1 —

6.8	特殊路基	34

7 路面工程 36

- 7.1 一般规定 36
- 7.2 基层与底基层 36
- 7.3 沥青面层 37
- 7.4 水泥混凝土面层 37

8 桥涵工程 38

- 8.1 一般规定 38
- 8.2 预应力混凝土工程 38
- 8.3 钻（挖）孔灌注桩 39
- 8.4 沉入桩 40
- 8.5 沉井 41
- 8.6 地下连续墙 43
- 8.7 围堰 43
- 8.8 明挖地基 44
- 8.9 承台与墩台 45
- 8.10 砌体 46
- 8.11 钢筋混凝土和预应力梁式桥 47
- 8.12 拱桥 49
- 8.13 斜拉桥 52
- 8.14 悬索桥 54
- 8.15 钢桥 57
- 8.16 桥面及附属工程 60
- 8.17 涵洞与通道 60

9 隧道工程 62

- 9.1 一般规定 62
- 9.2 洞口与明洞 63
- 9.3 开挖 64
- 9.4 装渣与运输 66
- 9.5 支护 66
- 9.6 衬砌 67
- 9.7 辅助坑道 67
- 9.8 防水和排水 68
- 9.9 通风、防尘及防有害气体 69
- 9.10 风、水、电供应 71
- 9.11 不良地质和特殊岩土地段 72
- 9.12 盾构施工 75

- 9.13 水下隧道 ………………………………………………………………… 78
- 9.14 特殊地段 ………………………………………………………………… 78
- 9.15 小净距及连拱隧道 ……………………………………………………… 79
- 9.16 附属设施工程 …………………………………………………………… 79
- 9.17 超前地质预报和监控量测 ……………………………………………… 80
- 9.18 逃生与救援 ……………………………………………………………… 81

10 交通安全设施
- 10.1 一般规定 ………………………………………………………………… 83
- 10.2 护栏 ……………………………………………………………………… 83
- 10.3 交通标志 ………………………………………………………………… 84
- 10.4 交通标线 ………………………………………………………………… 84
- 10.5 隔离栅和桥梁护网 ……………………………………………………… 84
- 10.6 防眩设施 ………………………………………………………………… 84

11 改扩建工程
- 11.1 改扩建 …………………………………………………………………… 85
- 11.2 拆除 ……………………………………………………………………… 85
- 11.3 加固 ……………………………………………………………………… 86

12 特殊季节与特殊环境施工
- 12.1 一般规定 ………………………………………………………………… 88
- 12.2 冬季施工 ………………………………………………………………… 88
- 12.3 雨季施工 ………………………………………………………………… 89
- 12.4 夜间施工 ………………………………………………………………… 89
- 12.5 高温施工 ………………………………………………………………… 89
- 12.6 台风季节施工 …………………………………………………………… 89
- 12.7 汛期施工 ………………………………………………………………… 90
- 12.8 能见度不良施工 ………………………………………………………… 90
- 12.9 沙漠地区施工 …………………………………………………………… 90
- 12.10 高海拔地区施工 ………………………………………………………… 90

附录A 危险性较大的工程 ……………………………………………………… 92
附录B 专项施工方案主要内容 ………………………………………………… 94
附录C 风险评估报告的内容 …………………………………………………… 95
附录D 特殊作业人员范围 ……………………………………………………… 96
附录E 特种设备名录 …………………………………………………………… 97
本规范用词用语说明 …………………………………………………………… 98
附件 《公路工程施工安全技术规范》（JTG F90—2015）条文说明 ………… 99
- 3 基本规定 ………………………………………………………………… 101
- 4 施工准备 ………………………………………………………………… 102

5 通用作业	104
6 路基工程	107
8 桥涵工程	109
9 隧道工程	111
10 交通安全设施	114
11 改扩建工程	115
12 特殊季节与特殊环境施工	116
附录 A 危险性较大的工程	117

1 总则

1.0.1 为规范公路工程施工安全技术，保障施工安全，制定本规范。

1.0.2 本规范适用于各等级新建、改扩建、大中修公路工程。

1.0.3 公路工程施工安全生产应贯彻"安全第一、预防为主、综合治理"的方针。

1.0.4 公路工程施工应制定相应的安全技术措施。

1.0.5 公路工程施工除应符合本规范的规定外，尚应符合国家和行业现行有关标准的规定。

2 术语

2.0.1 危险源 hazards
可能造成人员伤害、疾病、财产损失、作业环境破坏或其他损失的因素或状态。

2.0.2 危险源辨识 hazards identification
发现、识别危险源的存在，并确定其特性的过程。

2.0.3 事故隐患 accident hazards
可能导致事故发生的人的不安全行为、物（环境）的不安全状态和管理上的缺陷。

2.0.4 应急预案 emergency response plan
针对可能发生的事故，为迅速、有序地开展应急行动而预先制订的行动方案。应急预案由综合应急预案、专项应急预案、现场处置方案组成。

2.0.5 风险评估 risk assessment
对工程中存在的各种安全风险及其影响程度进行综合分析，包括风险辨识、风险估测、风险评价和防控措施。

2.0.6 特种设备 special equipment
涉及生命安全、危险性较大的锅炉、压力容器（含气瓶）、压力管道、电梯、起重机械和场（厂）内专用机动车辆等。

2.0.7 特殊作业人员 special operator
从事容易发生事故，对操作者本人、他人的安全健康及设备、设施的安全可能造成重大危害的作业的从业人员。

2.0.8 危险性较大工程 major hazard working procedure
在施工过程中存在的、可能导致作业人员群死群伤或造成重大财产损失、作业环境破坏或其他损失的工程。

2.0.9 警戒区 restricted area

作业现场未经允许不得进入的区域。

3 基本规定

3.0.1 公路工程施工必须遵守国家有关法律法规，符合安全生产条件要求，建立安全生产责任制，健全安全生产管理制度，设立安全生产管理机构，足额配备具备相应资格的安全生产管理人员。

3.0.2 公路工程施工应进行现场调查，应在施工组织设计中编制安全技术措施和施工现场临时用电方案，对于附录A中危险性较大的工程应编制专项施工方案（内容见附录B），并附具安全验算结果，或组织专家进行论证、审查。

3.0.3 公路工程施工前应进行危险源辨识，并应按要求对桥梁、隧道、高边坡路基等工程进行施工安全风险评估，编制风险评估报告（内容见附录C），现场应监控。

3.0.4 应对从业人员进行安全生产教育培训，未经培训不得上岗。特殊作业人员（见附录D）应按相关规定经过专门培训，取得相应资格证书，持证上岗。

3.0.5 公路工程施工前应逐级进行安全技术交底，主要包括安全技术要求、风险状况、应急处置措施等内容。

3.0.6 公路工程施工应按国家有关规定提取、使用安全生产费用。

3.0.7 公路工程施工应为从业人员配备合格的安全防护用品和用具，并定期更换。从业人员在施工作业区域内，应正确使用安全防护用品和用具。

3.0.8 施工现场、生产区、生活区、办公区应按规定配备满足要求且有效的消防设施和器材。

3.0.9 公路工程施工应编制综合应急预案、专项应急预案和现场应急处置方案，配备应急物资，并应定期组织相关人员进行应急培训和演练。

3.0.10 公路工程施工前，应全面检查施工现场、机具设备及安全防护设施等，施工条件应符合安全要求。用于施工临时设施受力构件的周转材料，使用前应进行材质检验。

3.0.11 公路工程施工使用的特种设备（见附录E）应按相关规定取得生产许可，应经检验合格并取得使用登记证书。

3.0.12 机械设备上各种安全防护、保险限位装置及各种安全信息装置必须齐全有效。必须按照使用说明书规定的技术性能、承载能力和使用条件操作、使用，严禁超载、超速作业或任意扩大使用范围。

3.0.13 危险作业场所应按规定设置警戒区或其他安全防护、逃生设施。

3.0.14 施工现场出入口、沿线各交叉口、施工起重机械、临时用电设施以及脚手架等临时设施、民爆物品和易燃易爆危险品库房、孔洞口、基坑边沿、桥梁边沿、码头边沿、隧道洞口和洞内等危险部位，应设置明显的安全警示标志和必要的安全防护设施。

3.0.15 工程货运车辆严禁运送人员。

3.0.16 大雨、大雪、大雾和六级及以上大风等恶劣天气不得进行露天作业。

4 施工准备

4.1 驻地和场站建设

4.1.1 施工现场驻地和场站应选在地质良好的地段，应避开易发生滑坡、塌方、泥石流、崩塌、落石、洪水、雪崩等危险区域，宜避让取土、弃土场地。

4.1.2 施工现场生产区、生活区、办公区应分开设置，距离集中爆破区应不小于500m。

4.1.3 施工现场临时用房、临时设施、生产区、生活区、办公区的防火间距应符合现行《建设工程施工现场消防安全技术规范》（GB 50720）的相关要求。

4.1.4 办公区、生活区宜避开存在噪声、粉尘、烟雾或对人体有害物质的区域，无法避开时应设在噪声、粉尘、烟雾或对人体有害物质所在区域最大频率风向的上风侧。

4.1.5 施工现场原材料、半成品、成品、预制构件等堆放及机械、设备停放应整齐、稳固、规范、标识清楚，且不得侵占场内道路或影响安全。

4.1.6 材料加工场应符合下列规定：
1 宜设围墙或围栏防护实行封闭管理，并宜设排水设施。
2 场内应设置明显的安全警示标志及相关工种的操作规程。
3 加工棚宜采用轻钢结构，并应采取防雨雪、防风等措施。

4.1.7 预制场、拌和场应符合下列规定：
1 应合理分区、硬化场地，并应设置排水设施。
2 拌和及起重设备基础的地基承载力应满足要求，材料及成品存放区地基应稳定。
3 料仓墙体强度和稳定性应满足要求，料仓墙体外围应设警戒区，距离宜不小于墙高2倍。
4 拌和及起重设备应设置防倾覆和防雷设施。

4.1.8 施工现场变电站建设应符合现行《施工现场临时用电安全技术规范》（JGJ 46）

的有关规定。

4.1.9 储油罐的设置应符合下列规定：

1 储油罐与在建工程的防火间距应不小于15m，并应远离明火作业区、人员密集区、建（构）筑物集中区。

2 储油罐顶部应设置遮阳棚。

3 应按要求配备泡沫灭火器、干粉灭火器、沙土袋、沙土箱等灭火消防器材及沙土等灭火消防材料。

4 应设防静电、防雷接地装置及加油车接地装置，接地电阻不得大于10Ω。

5 应悬挂醒目的禁止烟火等警示标识。

4.2 施工便道

4.2.1 施工便道应根据运输荷载、使用功能、环境条件进行设计和施工，不得破坏原有水系、降低原有泄洪能力，并应符合下列规定：

1 双车道施工便道宽度不宜小于6.5m。

2 单车道施工便道宽度不宜小于4.5m，并宜设置错车道，错车道应设在视野良好地段，间距不宜大于300m。设置错车道路段的施工便道宽度不宜小于6.5m，有效长度不宜小于20m。

3 路拱坡度应根据路面类型和现场自然条件确定，并应大于1.5%。

4 施工便道应根据需要设置排水沟和圆管涵等排水设施。

5 施工便道在急弯、陡坡、连续转弯等危险路段应进行硬化，设置警示标志，并根据需要设置防护设施。

6 施工便道中易发生落石、滑坡等危险路段应根据需要设置防护设施。

4.2.2 施工便道与既有道路平面交叉处应设置道口警示标志，有高度限制的应设置限高架。

4.2.3 施工便桥应根据使用要求和水文条件进行设计，并应设置限宽、限速、限载标志，建成后应验收。

4.3 临时码头和栈桥

4.3.1 临时码头宜选择在水域开阔、岸坡稳定、波浪和流速较小、水深适宜、地质条件较好、陆路交通便利的岸段。

4.3.2 临时码头宜设置在桥梁、隧道、大坝、架空高压线、水下管线、取水泵房、危险品库、水产养殖场等区域的下游方向，与其他构筑物的安全距离应符合现行《海港总平面设计规范》（JTJ 211）和《河港工程总体设计规范》（JTJ 212）的有关规定。

4.3.3 临时码头应按照使用要求和相应的技术规范进行设计、施工和验收，并应设置安全警示标志，配备相应的安全防护设施。

4.3.4 栈桥和栈桥码头应按照使用要求和相应的技术规范进行设计、施工和验收，并应符合下列规定：

1 通航水域搭设的栈桥和栈桥码头应取得海事和航道管理部门批准，并应按要求设置航行警示标志。
2 栈桥和栈桥码头的设计应考虑自重荷载、车辆荷载、波浪力、风力、水流力、船舶系靠力及漂浮物、腐蚀等，并应按施工期可能出现的最不利荷载组合进行验算。
3 栈桥和栈桥码头应设置行车限速、防船舶碰撞、防人员触电及落水等安全警示标志和救生器材。
4 栈桥上车辆和人员行走区域的面板应满铺，并应与下部结构连接牢固。悬臂板应采取有效的加固措施。
5 栈桥两侧和栈桥码头四周应设置高度不低于1.2m的防护栏杆。防护栏杆上杆任何部位应能承受1 000N的外力。
6 栈桥行车道两侧宜设置护轮坎。
7 长距离栈桥应设置会车、掉头区域，间隔不宜大于500m。
8 通过栈桥的电缆应绝缘良好，并应固定在栈桥的一侧。
9 发生栈桥面或栈桥码头面被洪水、潮汐淹没，或栈桥被船舶撞击，或桩柱受海水严重腐蚀等情况，应重新检修、复核原构筑物。
10 栈桥应设置满足施工安全要求的照明设施。
11 栈桥和栈桥码头应设专人管理，非施工车辆及人员不得进入，非施工船舶不得靠泊。

4.4 施工临时用电

4.4.1 施工现场临时用电应符合现行《施工现场临时用电安全技术规范》（JGJ 46）的有关规定。

4.4.2 施工用电设备数量在5台及以上，或用电设备容量在50kW及以上时，应编制用电组织设计。

4.4.3 施工现场临时用电工程专用的电源中性点直接接地的220/380V三相四线制低压电力系统，必须符合下列规定：

1 采用三级配电系统。
2 采用TN-S接零保护系统。
3 采用二级保护系统。

4.4.4 电线架设应符合下列规定：
1 架空线路宜避开施工作业面、作业棚、生活设施与器材堆放场地。
2 架空线路边线无法避开在建工程（含脚手架）时，其安全距离应符合表4.4.4-1的规定。

表4.4.4-1 外电架空线路边线外侧边缘与在建工程（含脚手架）间安全距离

外电线路电压等级（kV）	<1	1~10	35~110	220	330~500
安全距离（m）	4	6	8	10	15

3 施工现场的机动车道与外电架空线路交叉时，架空线路的最低点与路面的垂直安全距离应符合表4.4.4-2的规定。

表4.4.4-2 施工现场的机动车道与外电架空线路交叉时的垂直安全距离

外电线路电压等级（kV）	<1	1~10	35
垂直安全距离（m）	6	7	8

4.4.5 铺设电缆线应符合下列规定：
1 施工现场开挖沟槽边缘与埋设电缆沟槽边缘的安全距离不得小于0.5m。
2 地下埋设电缆应设防护管。
3 架空铺设电缆应沿墙或电杆做绝缘固定。
4 通往水上的岸电应用绝缘物架设，电缆线应留有余量，作业过程中不得挤压或拉拽电缆线。

4.4.6 水上或潮湿地带的电缆线必须绝缘良好并具有防水功能，电缆线接头必须经防水处理。

4.4.7 每台用电设备必须独立设置开关箱；开关箱必须装设隔离开关及短路、过载、漏电保护器，严禁设置分路开关；配电箱、开关箱的电源进线端严禁用插头和插座做活动连接。

4.4.8 配电箱及开关箱设置应符合下列规定：
1 总配电箱应设在靠近电源的区域；分配电箱应设在用电设备或负荷相对集中的区域；开关箱与分配电箱的距离不得大于30m，开关箱应靠近用电设备，与其控制的固定式用电设备水平距离不宜大于3m。
2 动力配电箱与照明配电箱宜分别设置。合并设置的配电箱，动力和照明应分路设置。

3 配电箱、开关箱应装设在干燥、通风及常温场所，不得装设在存在瓦斯、烟气、潮气及其他有害介质的场所。

4 配电箱、开关箱应选用专业厂家定型、合格产品。

5 总配电箱中漏电保护器的额定漏电动作电流应大于30mA，额定漏电动作时间应大于0.1s，额定漏电动作电流与额定漏电动作时间的乘积不得大于30mA·s。开关箱中漏电保护器的额定漏电动作电流不得大于30mA，额定漏电动作时间不应大于0.1s。潮湿或有腐蚀介质场所的漏电保护器应采用防溅型产品，额定漏电动作电流不得大于15mA，额定漏电动作时间不得大于0.1s。

6 配电箱、开关箱应装设端正、牢固。固定式配电箱、开关箱的中心点与地面的垂直距离应为1.4~1.6m。移动式配电箱、开关箱应装设在坚固、稳定的支架上，其中心点与地面的垂直距离应为0.8~1.6m。

4.4.9 遇有临时停电、停工、检修或移动电气设备时，应关闭电源。

4.5 生产生活用水

4.5.1 生活饮用水水质应符合现行《生活饮用水卫生标准》（GB 5749）的有关规定。

4.5.2 施工现场搭设的水塔、水箱等储水设施应稳固、牢靠，并应采取防倾覆措施。

4.6 施工机械设备

4.6.1 应制定施工机械设备安全技术操作规程，建立设备安全技术档案。

4.6.2 施工机械设备进场前应查验机械设备证件、性能、状况；进场后，应向操作人员进行安全技术交底。

4.6.3 特种设备现场安装、拆除应按相关规定具有相应作业资质。

4.6.4 龙门吊、架桥机等轨道行走类设备应设置夹轨器和轨道限位器。轨道的基础承载力、宽度、平整度、坡度、轨距、曲线半径等应满足说明书和设计要求。

4.6.5 机械设备集中停放的场所应设置消防通道，并应配备消防器材。

4.6.6 施工现场专用机动车辆驾驶人员应按相关规定经过专门培训，并应取得相应资格证书。

4.6.7 施工现场运输车辆应状态良好，车身应设置反光警示标识。

5 通用作业

5.1 测量作业

5.1.1 密林丛草间施工测量应探明周边环境，遵守护林防火规定，并应采取预防有害动物、植物伤人的个体防护措施。

5.1.2 外电架空线路附近工作时，测量人员的身体和测量设备外沿与外电架空线路之间的安全距离应符合现行《施工现场临时用电安全技术规范》（JGJ 46）的有关规定。安全距离无法实现时，应与有关部门协商，采取停电、迁移外电线路或改变工程位置等措施。

5.1.3 不中断交通道路上测量，应设置交通安全标志，并应设专人指挥或警戒。测量人员应穿反光标志服。

5.1.4 陡坡及不良地质地段测量，测量人员应系安全带、穿防滑鞋等，并应加强监护。桥墩等高处测量，测量人员应正确佩戴和使用个体防护用品。

5.1.5 水上测量作业，测量船应悬挂号灯或号型，并应设专人负责瞭望。测量人员应穿救生衣。

5.1.6 水上测量平台应稳固可靠，并应设置防护围栏和警示标志，作业时应派交通船守护。

5.1.7 冰上测量前应掌握冰封情况，冰封情况应满足作业要求。冰封不稳定的河段及春季冰融期间不得进行冰上测量。

5.1.8 夜间测量照明应满足作业要求，测量人员应穿反光标志服。

5.2 支架及模板工程

5.2.1 钢支架设计应符合现行《钢结构设计规范》（GB 50017）的规定，支架钢管应符合现行《碳素结构钢》(GB/T 700)、《建筑施工碗扣式钢管脚手架安全技术规范》(JGJ 166)、《建筑施工扣件式钢管脚手架安全技术规范》(JGJ 130)、《钢管脚手架扣件》(GB 15831)的相关规定。

5.2.2 定型组合模板应符合现行《组合钢模板技术规范》(GB 50214)的规定。

5.2.3 支架、模板的强度、刚度和稳定性，应按照现行《公路桥涵施工技术规范》(JTG/T F50)设计并验算，水中支架基础尚应考虑水流冲刷的影响。

5.2.4 支架周转材料使用前应按照现行《建筑施工扣件式钢管脚手架安全技术规范》(JGJ 130)、《建筑施工碗扣式钢管脚手架安全技术规范》(JGJ 166)要求检查，达不到设计要求时不得使用。

5.2.5 支架支撑体系应符合下列规定：
　　1　支架基础应根据所受荷载、搭设高度、搭设场地地质等情况进行设计及验算。
　　2　支架基础的场地应设排水措施，遇洪水或大雨浸泡后，应重新检验支架基础、验算支架受力。冻胀土基础应有防冻胀措施。
　　3　支架基础施工后应检查验收。
　　4　支架在安装完成后应检查验收。
　　5　使用前应预压。预压荷载应为支架需承受全部荷载的 1.05～1.10 倍。
　　6　预压加载、卸载应按预压方案要求实施，使用沙（土）袋预压时应采取防雨措施。
　　7　支架应设置可靠的接地装置。

5.2.6 使用碗扣式、门式或扣件式钢管脚手架作为支架时，脚手架构造应分别符合现行《建筑施工碗扣式钢管脚手架安全技术规范》(JGJ 166)、《建筑施工门式钢管脚手架安全技术规范》(JGJ 128)和《建筑施工扣件式钢管脚手架安全技术规范》(JGJ 130)的规定。扣件应符合现行《钢管脚手架扣件》(GB 15831)的规定。

5.2.7 桩、柱梁式支架应符合下列规定：
　　1　钢管桩的承载力应满足要求。
　　2　纵梁之间应设置安全可靠的横向连接。
　　3　搭设完成后应检查验收。
　　4　跨通行道路时，应按照现行《道路交通标志和标线》(GB 5768)的要求设置交通标志。
　　5　跨通航水域时，应设置号灯、号型。

5.2.8 跨通行道路、通航水域的支架应根据道路、水域通行情况设置防撞设施。

5.2.9 模板加工制作应符合下列规定：
1 制作钢木结合模板，钢、木加工场地应分开，并应及时清除锯末、刨花和木屑。
2 模板所用材料应堆放稳固。
3 模板堆放高度不宜超过 2m。

5.2.10 模板吊环不得采用冷拉钢筋，且吊环的计算拉应力不得大于 50MPa。

5.2.11 模板应按设计方案设置纵、横、斜向支撑和水平拉杆，拉杆不得焊接。

5.2.12 大型钢模板应设置工作平台和爬梯。工作平台应设置防护栏杆、挡脚板和限载标志。

5.2.13 模板安装应符合下列规定：
1 吊装模板前，应检查模板和吊点。吊装应设专人指挥。模板未固定前，不得实施下道工序。
2 模板安装就位后，应立即支撑和固定。支撑和固定未完成前，不得升降或移动吊钩。
3 模板应按设计要求准确就位，且不宜与脚手架连接。
4 模板安装完成后节点联系应牢固。
5 基准面以上 2m 安装模板应搭设脚手架或施工平台。

5.2.14 模板、支架拆除应符合下列规定：
1 模板、支架的拆除期限和拆除程序等应按施工组织设计和施工方案要求进行，危险性较大模板、支架的拆除尚应遵守专项施工方案的要求。
2 模板、支架的拆除应遵循先拆非承重模板、后拆承重模板、自上而下、分层分段拆除的顺序和原则。
3 承重模板应横向同时、纵向对称均衡卸落。
4 简支梁、连续梁结构模板宜从跨中向支座方向依次循环卸落；悬臂梁结构模板宜从悬臂端开始顺序卸落。
5 承重模板、支架，应在混凝土强度达到设计要求后拆除。
6 模板、支架的拆除应设立警戒区，非作业人员不得进入。
7 拆除人员应使用稳固的登高工具、防护用品。

5.2.15 模板存放应符合下列规定：
1 模板存放场地应坚实平整。

2 大型模板应存放在专用模板架内或卧倒平放，不得直靠其他模板或构件。特型模板应存放在专用模板架内。
　　3 突风频发区或台风到来前，存放的大型模板应采取加固措施。
　　4 清理模板或刷脱模剂时，模板应支撑牢固，两片模板间应留有足够的人行通道。

5.3　钢筋工程

5.3.1　钢筋加工机械所有转动部件应有防护罩。

5.3.2　钢筋冷弯作业时，弯曲钢筋的作业半径内和机身不设固定销的一侧不得站人或通行。

5.3.3　钢筋冷拉作业区两端应装设防护挡板，冷拉钢筋卷扬机应置于视线良好位置，并应设置地锚。钢筋或牵引钢丝两侧 3m 内及冷拉线两端不得站人或通行。

5.3.4　钢筋对焊机应安装在室内或防雨棚内，并应设可靠的接地、接零装置。多台并列安装对焊机的间距不得小于 3m。对焊作业闪光区四周应设置挡板。

5.3.5　作业高度超过 2m 的钢筋骨架应设置脚手架或作业平台，钢筋骨架应有足够的稳定性。

5.3.6　吊运预绑钢筋骨架或成捆钢筋应确定吊点的数量、位置和捆绑方法，不得单点起吊。

5.3.7　作业平台等临时设施上存放钢筋不得超载。

5.4　混凝土工程

5.4.1　混凝土拌和前应确认搅拌、供料、控制等系统运行正常。

5.4.2　维修、保养或检查清理搅拌系统、供料系统应封闭下料口、切断电源、锁定安全保护装置、悬挂"严禁合闸"安全警示标志，并派专人看守。

5.4.3　水泥隔离垫板的刚度及稳定性应满足要求。袋装水泥应交错整齐码放，高度不得超过 10 袋，且不得靠墙。砂石料堆放不得超过规定高度。

5.4.4　混凝土浇筑的顺序、速度应符合施工方案的要求，不得随意更改。

5.4.5 吊斗灌注混凝土应设专人指挥起吊、运送、卸料，人员、车辆不得在吊斗下停留或通行，不得攀爬吊斗。

5.4.6 泵送混凝土应符合下列规定：
1 混凝土输送泵应安装稳固，管道布设应平顺，安装应固定牢靠，接头和卡箍应密封、紧固。
2 泵送前应检查泵送和布料系统。首次泵送前应进行管道耐压试验。泵送混凝土时，操作人员应随时监视各种仪表和指示灯，发现异常应立即停机检查。
3 输送泵出料软管应设专人牵引、移动，布料臂下不得站人。
4 混凝土输送管道接头拆卸前，应释放输送管内剩余压力。
5 清理管道时应设警戒区，管道出口端前方 10m 内不得站人。

5.4.7 混凝土浇筑过程中应检查模板、支架、钢筋骨架的稳定、变形情况，发现异常，应立即停止作业，并应整修加固。

5.4.8 混凝土振捣应符合下列规定：
1 检修或作业停止，应切断电源。
2 不得用电缆线、软管拖拉或吊挂振捣器。
3 装置振捣器的构件模板应坚固牢靠。

5.4.9 混凝土养护应符合下列规定：
1 覆盖养护时，预留孔洞周围应设置安全护栏或盖板，并应设置安全警示标志，不得随意挪动。
2 洒水养护时，应避开配电箱和周围电气设备。
3 蒸汽、电热养护时，应设围栏和安全警示标志，并应配置足够、适用的消防器材，非作业人员不得进入养护区域。

5.5 电焊与气焊

5.5.1 电工、焊接与热切割作业人员应按照有关规定经专业机构培训，并应取得相应的从业资格。

5.5.2 电工、焊接与热切割作业人员应按规定正确佩戴、使用劳动防护用品。

5.5.3 面罩及护目镜应符合现行《职业眼面部防护 焊接防护 第1部分：焊接防护具》（GB/T 3609.1）的有关规定。防护服应符合现行《焊接防护服》（GB 15701）的有关规定，并应根据具体的焊接和切割操作特点选择。

5.5.4 储存、搬运、使用氧气瓶、乙炔瓶除应符合现行《焊接与切割安全》（GB 9448）的有关规定外，尚应符合下列规定：

1 气瓶、阀门、焊具、胶管等均不得沾污油脂，作业人员不得使用油污手套操作。
2 压力表、安全阀、橡胶软管和回火保护器等均应定期校验或试验，标识应清晰。
3 使用的气瓶应稳固竖立或装在专用车（架）或固定装置上。
4 气瓶与实际焊接或切割作业点的距离应大于10m，无法达到的应设置耐火屏障。
5 气割作业氧气瓶与乙炔瓶之间的距离不得小于5m。
6 电、气焊作业点和气瓶存放点应按规定配备灭火器材。

5.5.5 电焊机一次侧电源线长度不得大于5m；二次侧焊接电缆线应采用防水绝缘橡胶护套铜芯软电缆，长度不宜大于30m，且进出线处应设置防护罩。

5.5.6 电焊钳的绝缘和隔热性能应满足要求，钳柄与导线应连接牢固，电缆芯线不得外露。

5.5.7 电焊机应置于干燥、通风的位置，露天使用电焊机应设防雨、防潮装置，移动电焊机时应切断电源。

5.5.8 电焊机外壳接地电阻不得大于4Ω，接地线不得使用建（构）筑物的金属结构、管道、轨道或其他金属物体搭接形成焊接回路。

5.5.9 不宜使用交流电焊机。使用交流电焊机时，除应在开关箱内装设一次侧漏电保护器外，尚应安装二次侧空载降压触电保护器。

5.5.10 使用过危险化学品的容器、设备、桶槽、管道、舱室等，动火前必须清洗，并经测爆合格。

5.5.11 密闭空间内实施焊接及切割，气瓶及焊接电源应置于密闭空间外。

5.5.12 密闭空间焊接作业应设置通风、绝缘、照明装置和应急救援装备。

5.5.13 密闭空间焊接作业应设专人监护，金属容器内照明设备的电压不得超过12V。

5.5.14 高处电焊、气割作业，作业区周围和下方应采取防火措施，按要求配备消防器材，并应设专人巡视。

5.5.15 雨天严禁露天电焊作业。潮湿区域作业人员必须在干燥绝缘物体上焊接作业。

5.6 起重吊装

5.6.1 起重吊装应符合现行《建筑施工起重吊装工程安全技术规范》(JGJ 276)和《起重机械安全规程 第一部分：总则》(GB 6067.1)的有关规定。

5.6.2 起重机械司机、起重信号司索工、起重机械安装拆卸工应按照有关规定经专业机构培训，并应取得相应的从业资格。

5.6.3 起重作业人员应穿防滑鞋、戴安全帽，高处作业时应按规定佩挂安全带。

5.6.4 吊装作业应设警戒区，警戒区不得小于起吊物坠落影响范围。

5.6.5 作业前应检查起重设备安全装置、钢丝绳、滑轮、吊索、卡环、地锚等。

5.6.6 钢丝绳吊索的安全系数应符合下列规定：
1 当利用吊索上的吊钩、卡环钩挂重物上的起重吊环时，安全系数不得小于6。
2 当用吊索直接捆绑重物，且吊索与重物棱角间采取了妥善的保护措施时，安全系数不得小于6。

5.6.7 吊点位置应符合设计规定，设计无规定的应经计算确定。

5.6.8 施工升降机作业应符合现行《建筑施工升降机安装、使用、拆卸安全技术规程》(JGJ 215)、《施工升降机》(GB/T 10054)的有关规定。

5.6.9 塔吊作业应符合现行《塔式起重机安全规程》(GB 5144)的有关规定。

5.6.10 流动式起重设备通行的道路、作业场地应平整坚实，吊装前支腿应全部打开，并应按要求铺设垫木。

5.6.11 高空吊装梁等大型构件应在构件两端设溜绳。

5.6.12 安装所使用的螺栓、钢楔（或木楔）、钢垫板、垫木和电焊条等材质应符合设计要求。

5.6.13 吊装大、重、新结构构件和采用新的吊装工艺应先进行试吊。

5.6.14 起重机与架空输电线的安全距离应满足现行《施工现场临时用电安全技术规范》(JGJ 46)的规定。当需要在小于规定的安全距离范围内进行作业时，必须采取严格的安全保护措施，并应按照相关规定经有关部门批准。

5.6.15 双机抬吊宜选用同类型或性能相近的起重机，负载分配应合理，单机载荷不得超过额定起重量的80%。两机应协调起吊和就位，起吊速度应平稳缓慢。

5.6.16 缆索吊机系统施工应符合下列规定：
 1 吊塔、扣塔及相应索具、风缆、锚碇均应进行稳定性验算，安全系数应满足最不利工况要求。
 2 缆索吊机所用材料、设备等进场前，应进行验收，材料应无损伤无变形，强度、刚度应满足设计要求；主缆宜采用钢丝绳，安全系数不得小于3。
 3 吊塔、扣塔塔架前后及侧向应设置缆风索，缆风索安全系数应大于2。
 4 缆索吊机正式吊装前应分别按1.25倍设计荷载的静荷和1.1倍设计荷载的动荷进行起吊试验。
 5 塔架顶部应设置可靠的避雷装置；人员上下塔架应配备符合要求的电梯或爬梯，不得徒手攀爬。

5.6.17 起重机严禁吊人。

5.6.18 严禁采用斜拉、斜吊，严禁超载吊装，严禁吊装起吊重量不明、埋于地下或黏结在地面上的构件。

5.6.19 吊起的构件上不得堆放或悬挂零星物件。

5.6.20 作业人员严禁在已吊起的构件下或起重臂下旋转范围内作业或通行。

5.6.21 吊装作业临时固定工具应在永久固定的连接稳固后拆除。

5.6.22 雨、雪后，吊装前应清理积水、积雪，并应采取防滑和防漏电措施，作业前，应先试吊。

5.7 高处作业

5.7.1 高处作业应符合现行《建筑施工高处作业安全技术规范》(JGJ 80)的有关

规定。

5.7.2 高处作业不得同时上下交叉进行。

5.7.3 高处作业下方警戒区设置应符合现行《高处作业分级》（GB 3608）的有关规定。

5.7.4 高处作业人员不得沿立杆或栏杆攀登。高处作业人员应定期进行体检。

5.7.5 高处作业场所临边应设置安全防护栏杆，并应符合下列规定：
 1 防护栏杆应能承受1 000N的可变荷载。
 2 防护栏杆下方有人员及车辆通行或作业的，应挂密目安全网封闭，防护栏杆下部应设置高度不小于0.18m的挡脚板。
 3 防护栏杆应由上、下两道横杆组成，上杆离地高度应为1.2m，下杆离地高度应为0.6m。
 4 横杆长度大于2m时，应加设栏杆柱。

5.7.6 高处作业场所的孔、洞应设置防护设施及警示标志。

5.7.7 安全网质量应符合现行《安全网》（GB 5725）的规定，安装和使用安全网应符合下列规定：
 1 安全网安装应系挂安全网的受力主绳，不得系挂网格绳。安装完毕应进行检查、验收。
 2 安全网安装或拆除应根据现场条件采取防坠落安全措施。
 3 作业面与坠落高度基准面高差超过2m且无临边防护装置时，临边应挂设水平安全网。作业面与水平安全网之间的高差不得超过3.0m，水平安全网与坠落高度基准面的距离不得小于0.2m。

5.7.8 安全带使用除应符合现行《安全带》（GB 6095）的规定外，尚应符合下列规定：
 1 安全带除应定期检验外，使用前尚应进行检查。织带磨损、灼伤、酸碱腐蚀或出现明显变硬、发脆以及金属部件磨损出现明显缺陷或受到冲击后发生明显变形的，应及时报废。
 2 安全带应高挂低用，并应扣牢在牢固的物体上。
 3 安全带的安全绳不得打结使用，安全绳上不得挂钩。
 4 缺少或不易设置安全带吊点的工作场所宜设置安全带母索。
 5 安全带的各部件不得随意更换或拆除。

6 安全绳有效长度不应大于2m，有两根安全绳的安全带，单根绳的有效长度不应大于1.2m。

5.7.9 严禁安全绳用作悬吊绳。严禁安全绳与悬吊绳共用连接器。新更换安全绳的规格及力学性能必须符合规定，并加设绳套。

5.7.10 高处作业上下通道应根据现场情况选用钢斜梯、钢直梯、人行塔梯，各类梯子安装应牢固可靠。

5.7.11 钢斜梯使用应符合下列规定：
1 长度不宜大于5m，扶手高度宜为0.9m，踏步高度不宜大于0.2m，梯宽宜为0.6～1.1m。
2 长度大于5m的应设梯间平台，并分段设梯。

5.7.12 钢直梯应符合下列规定：
1 攀登高度不宜大于8m，踏棍间距宜为0.3m，梯宽宜为0.6～1.1m。
2 高度大于2m应设护笼，护笼间距宜为0.5m，直径宜为0.75m，并设纵向连接。
3 高度大于8m应设梯间平台，并分段设梯。
4 高度大于15m应每5m设一梯间平台，平台应设防护栏杆。

5.7.13 高架桥等大型构件作业场所上下通道宜采用人行塔梯。

5.7.14 人行塔梯宜采用专业厂家定型产品。

5.7.15 自行搭设人行塔梯应根据施工需要和工况条件设计，踏步高度不宜大于0.2m，踏步梯应设置防滑设施和安全护栏。

5.7.16 人行塔梯安装应符合下列规定：
1 顶部和各节平台应满铺防滑面板并牢固固定，四周应设置安全护栏。
2 人行塔梯基础应稳固，四脚应垫平，并应与基础固定。
3 塔梯连接螺栓应紧固，并应采取防退扣措施。
4 人行塔梯高度超过5m应设连墙件。
5 用电线路不宜装设在塔梯上，必须装设时，线路与塔体间应绝缘。
6 人行塔梯通往作业面通道的两侧宜用钢丝网封闭。

5.7.17 吊篮作业应符合现行《高处作业吊篮》（GB 19155）的有关规定，且应使用由专业厂家制作的定型产品，不得自行制作吊篮。

5.7.18 高处作业吊篮安装拆卸工应按照有关规定经专业机构培训，并应取得相应的从业资格。

5.7.19 登高梯上端应固定，吊篮和临时工作台应绑扎牢靠。

5.7.20 吊篮和工作台的脚手板必须铺平绑牢，严禁出现探头板。

5.7.21 脚手架的强度、刚度和稳定性应能承受施工期间可能产生的各项荷载。搭设高度24m及以上的落地式钢管脚手架的钢管、扣件应进行抽样检测，脚手架设计计算应以钢管抽样检测的壁厚及力学性能为依据。

5.7.22 不宜使用竹、木质脚手架。

5.7.23 搭设场地应平整无杂物，并应设防、排水设施。

5.7.24 脚手架地基与基础应根据所受荷载、搭设高度、搭设场地等情况进行设计及验算。

5.7.25 脚手架应设排水措施，遇洪水或大雨浸泡后，应重新检验脚手架基础。冻胀土基础应设防冻胀措施。

5.7.26 碗扣式、扣件式及门式脚手架搭设应分别符合现行《建筑施工碗扣式钢管脚手架安全技术规范》（JGJ 166）、《建筑施工扣件式钢管脚手架安全技术规范》（JGJ 130）及《建筑施工门式钢管脚手架安全技术规范》（JGJ 128）的相关规定。

5.7.27 脚手架作业层、斜道的栏杆和挡脚板的搭设应符合本规范第5.7.5条的有关规定。

5.7.28 脚手架的脚手板应满铺、固定，离结构物立面的距离不得大于0.15m。

5.7.29 脚手架拆除必须严格执行专项施工方案，拆除作业必须由上而下逐层进行，严禁上下同时作业。连墙件必须随脚手架逐层拆除，严禁提前拆除。

5.7.30 架子工应按照有关规定经专业机构培训，并应取得相应的从业资格。作业时应戴安全帽、穿防滑鞋、系安全带。

5.7.31 高处作业现场所有可能坠落的物件均应预先撤除或固定。所存物料应堆放平稳，随身作业工具应装入工具袋，不得向下抛掷拆卸的物料。

5.7.32 雨雪季节应采取防滑措施。

5.8 水上作业

5.8.1 应及时了解当地气象、水文、地质等情况，掌握施工区域附近的桥梁、隧道、大坝、架空高压线、水下管线、取水泵房、危险品库、水产品养殖区以及避风锚地、水上应急救援资源等情况。

5.8.2 开工前，应根据施工需要设置安全作业区，并办理水上水下施工作业许可证，发布航行通告。

5.8.3 水上作业人员应正确穿戴救生衣等个人安全防护用品。

5.8.4 工程船舶必须持有效的船检证书，船员必须持有与其岗位相适应的适任证书，船员配置必须满足最低安全配员要求。

5.8.5 工程船舶应按规定配备有效的消防、救生、堵漏和油污应急设施，制订安全技术措施和应急预案，并应按规定定期演练。施工船舶应安装船舶定位设备，保证有效的船岸联系。

5.8.6 工程船舶甲板、通道和作业场所应根据需要设有防滑装置。施工船舶楼梯、走廊等应保持通畅，梯口、应急场所应设有醒目的安全警示标志。

5.8.7 工程船舶必须在核定航区和作业水域内作业。

5.8.8 工程船舶作业、航行或停泊时，应按规定显示号灯或号型。

5.8.9 水上工况条件超过施工船舶作业性能时，必须停止作业。

5.8.10 在狭窄水道和来往船舶频繁的水域施工时，应设专人值守通信频道。

5.8.11 遇雨、雾、霾等能见度不良天气时，工程船舶和施工区域应显示规定的信号，必要时应停止航行或作业。

5.8.12 遇大风天气，船舶应按规定及时进避风锚地或港池。

5.8.13 靠泊船舶上下人或两船间倒运货物，应搭设跳板、扶手及安全网。

5.8.14 交通船舶必须配有救生设备，载人严禁超过乘员定额。

5.8.15 定位船及抛锚作业船，其锚链、锚缆滚滑区域不得站人，锚缆伸出的水域应设置警示标志。

5.8.16 运输船舶装货时必须均匀加载，严禁超载、超宽、偏载。卸货时必须分层均匀卸载。

5.8.17 起重船作业应符合下列规定：
1 作业前，人员应熟悉吊装方案，明确联系方式和指挥信号。
2 根据吊装要求，起重船应指导驳船选择锚位和系缆位置。
3 吊装前，吊钩升降、吊臂仰俯、制动性能应良好。安全装置应正常有效。
4 吊装结束后，起重船应退离安装位置，并对起重吊钩进行封钩。

5.8.18 打桩船作业应符合下列规定：
1 打桩船作业应统一指挥。
2 打桩架上的活动物件应放稳、系牢，打桩架上的工作平台应设有防护栏杆和防滑装置。
3 穿越群桩的前缆应选择合适位置，绞缆应缓慢操作，缆绳两侧10m范围内不得有工程船舶或作业人员进入。
4 桩架底部两侧悬臂跳板的强度和刚度应满足作业要求，跳板的移动和封固装置应灵活、牢固、有效。

5.8.19 打桩船电梯笼必须设防坠落安全装置，笼内必须设置升降控制开关。桩锤检修或加油时，严禁启动吊锤卷扬机。

5.8.20 甲板驳需要配备履带吊、打桩架等机械时，必须符合下列规定：
1 船舶的稳性必须核算。
2 机械就位处的船体甲板和船舱骨架必须加固。
3 履带吊等机械底盘与船体必须整体固结。

5.8.21 拖轮配合非自航工程船舶作业，应由拖轮船长和工程船船长共同商定顶推、绑拖、吊拖的编队方式，拖轮拖力应满足要求。

5.8.22 水中围堰（套箱）和水中作业平台应设置船舶靠泊系统和人员上下通道，

临边应设置高度不低于 1.2m 的防护栏杆，挂设安全网和救生圈。四周应设置警示标志和夜间航行警示灯光信号，通航密集水域应配备警戒船和应急拖轮。

5.9 潜水作业

5.9.1 潜水员应按照有关规定经专业机构培训，并应取得相应的从业资格。

5.9.2 施工前，潜水员应熟悉现场的水文、气象、水质和地质等情况，掌握作业方法和技术要求，了解工程船舶的锚缆布设及移动范围等情况。

5.9.3 潜水最大安全深度和减压方案应符合现行《产业潜水最大安全深度》（GB 12552）、《空气潜水减压技术要求》（GB/T 12521）和《甲板减压舱》（GB/T 16560）的有关规定。

5.9.4 潜水员使用的水下电气设备、装备、装具和水下设施，应符合现行《潜水员水下用电安全规程》（GB 16636）的有关规定。

5.9.5 潜水作业现场应备有急救箱及相应的急救器具，作业水深超过 30m 应配备预备潜水员和减压舱等设备。

5.9.6 水温低于 5℃、流速大于 1.0m/s 或具有噬人海生物、障碍物或污染物等的潜水作业区，潜水员潜水作业必须采取安全措施。

5.9.7 潜水作业时，潜水作业船应按规定显示号灯、号型。

5.9.8 潜水员的作业时间和替换周期应符合相关规定。

5.9.9 潜水员水下作业时，必须有专人值守，严禁向作业区域抛掷物件。

5.9.10 为潜水员递送工具、材料和物品应使用绳索进行递送，不得直接向水下抛掷。

5.9.11 通风式重装潜水作业应符合下列规定：
1 通风式重装潜水作业组应由指挥员、潜水员、电话员、收放供气管线人员和空压机操作人员组成。远离基地外出作业应具备两组潜水同时作业的能力。
2 应设专人负责信号绳、潜水电话和供气管线。
3 下水应使用专用潜水爬梯。挂设爬梯的悬臂杠应满足强度和刚度要求，并与潜水船、爬梯连接牢固。

5.9.12 潜水员水下安装构件应符合下列规定：
1 潜水员应在构件基本就位和稳定后靠近待安装构件。
2 供气管不得置于构件缝中，流速较大时，潜水员应逆水流操作。
3 应使用专用工具调整构件的安装位置。潜水员身体的任何部位不得置于两构件之间。

5.9.13 潜水员在沉井或大直径护筒内作业应符合下列规定：
1 作业前应清除沉井或护筒内障碍物和内壁外露的钢筋、扒钉和铁丝等尖锐物。
2 沉井和大直径护筒内侧水位应高于外侧水位。
3 潜水员不得在沉井刃脚下或护筒底口以下作业。

5.10 爆破作业

5.10.1 从事爆破工作的爆破员、安全员、保管员应按照有关规定经专业机构培训，并取得相应的从业资格。

5.10.2 爆破作业单位实施爆破项目前，应按规定办理审批手续，批准后方可实施爆破作业。

5.10.3 爆破作业和爆破器材的采购、运输、储存等应按照现行《民用爆炸物品安全管理条例》和《爆破安全规程》（GB 6722）执行。

5.10.4 预裂爆破、光面爆破、大型土石方爆破、水下爆破、重要设施附近及其他环境复杂、技术要求高的工程爆破应编制爆破设计方案，制定相应的安全技术措施；其他爆破可编制爆破说明书，并经有关部门审批同意。

5.10.5 经审批的爆破作业项目，爆破作业单位应于施工前3d发布公告，并在作业地点张贴，施工公告内容应包括：工程名称、建设单位、设计施工单位、安全评估单位、安全监理单位、工程负责人及联系方式、爆破作业时限等。

5.10.6 爆破作业必须设警戒区和警戒人员，起爆前必须撤出人员并按规定发出声、光等警示信号。

5.10.7 爆炸源与人员、其他保护对象的安全距离应按地震波、冲击波和飞散物三种爆破效应分别计算，取最大值。

5.10.8 钻孔装药应拉稳药包提绳，配合送药杆进行。在雷管和起爆药包放入之前发生卡塞时，应用长送药杆处理，装入起爆药包后，不得使用任何工具冲击和挤压。

5.10.9 盲炮检查应在爆破15min后实施，发现盲炮应立即安全警戒，及时报告并由原爆破人员处理。电力起爆发生盲炮时应立即切断电源，爆破网络应置于短路状态。

5.10.10 雷电、暴雨雪天不得实施爆破作业。强电场区爆破作业不得使用电雷管。遇能见度不超过100m的雾天等恶劣天气不得露天爆破作业。

5.10.11 水下电爆网路的主线和连接线应强度高、电阻小、防水、柔韧、绝缘。波浪、流速较大水域中的爆破主线应呈松弛状态，并应与伸缩性小的导向绳固定。

5.10.12 投药船离开投放药包地点前，应进行详细检查，船底、船舵、螺旋桨、缆绳和其他附属物不得挂有药包、导线等物品。

5.10.13 水下爆破引爆前，警戒区内不得滞留船舶和人员。

5.11 小型机具

5.11.1 小型机具应有出厂合格证和操作说明书。

5.11.2 小型机具应制定管理制度，建立台账，并按要求维修、保养和使用。

5.11.3 作业人员应了解所用机具性能并熟悉掌握其安全操作常识，施工中应正确佩戴各类安全防护用品。

5.11.4 各种机具不得带病运转。运转中发现不正常时，应先停机检查，排除故障后方可使用。

5.11.5 不得站在不稳定的地方使用电动或气动机具，必须使用时应有专人监护。

5.11.6 齿轮传动、皮带传动、联轴器传动的小型机具应设有安全防护装置。

5.11.7 手持式电动工具应配备安全隔离变压器、漏电保护器、控制箱和电源连接器。

5.11.8 小型起重机具使用应符合下列规定：

1 千斤顶应垂直安装在坚实可靠的基础上，底部宜用枕木等垫平。

2 电动葫芦应设缓冲器，轨道两端应设挡板。电动葫芦不得超载起吊，起吊过程中，手不得握在绳索与吊物之间。

3 卷扬机卷筒上的钢丝绳应排列整齐，不得在转动中用手拉或脚踩钢丝绳。作业中，不得跨越卷扬机钢丝绳。卷筒剩余钢丝绳不得少于3圈。

5.11.9 严禁2台及以上手拉葫芦同时起吊重物。

5.11.10 手持式电动工具的作业应符合现行《手持式电动工具的安全 第一部分：通用要求》（GB 3883.1）的规定。

5.12 涂装作业

5.12.1 作业、储存场所严禁明火。

5.12.2 涂装作业除应符合现行《涂装作业安全规程 安全管理通则》（GB 7691）的规定外，尚应符合下列规定：

1 从事涂装作业人员应正确佩戴安全防护用品并穿防静电服。
2 涂装作业设备属于特种设备的应由国家认可的检验机构检验并取得使用登记证书。
3 储存、作业场所应设立安全警戒区，配备消防设备。
4 积聚有机溶剂蒸发的低凹死角区域，应设置局部排风装置。
5 涂装作业结束后，应及时清理现场，撤出涂装作业设备和原料，清除沾污涂料及有机溶剂、废弃物。

5.12.3 有限空间涂装作业必须符合下列规定：

1 作业场所必须配备检测设备、定时检查作业场所氧气及可燃气体浓度。
2 作业场所必须设通风设备，作业条件必须符合安全要求。
3 热加工作业必须设专人监护，烘烤涂层必须使用防爆灯具。

6 路基工程

6.1 一般规定

6.1.1 路基施工前应掌握影响范围内地下埋设的各种管线情况，制定安全措施。施工中发现危险品及其他可疑物品时，应立即停止施工，按照规定报请有关部门处理。

6.1.2 路基施工应做好施工期临时排水设施总体规划，临时排水设施应与永久性排水设施综合考虑，并与工程影响范围内的自然排水系统相协调。

6.1.3 机械作业范围内不得同时进行人工作业。

6.1.4 施工机械设备不宜在坡度大的边坡区域作业，必要时应采取防止设备倾覆的措施。

6.1.5 多台机械同时作业时，各机械之间应保持安全距离。

6.1.6 路基边坡、边沟、基坑边缘地段上作业的机械应采取防止机械倾覆、基坑坍塌的安全措施。

6.1.7 弃方除应符合现行《公路路基施工技术规范》（JTG F10）的有关规定外，尚应符合下列规定：
1 施工前，应现场核实弃土场的具体情况，弃土场四周应设立警示标志。
2 弃方不得影响排洪、通航，不得加剧河岸冲刷。水库、湖泊、岩溶漏斗及暗河口处不得弃方。桥墩台、涵洞口处不得弃方。
3 弃方作业应遵循"先支护、后弃土"的原则。

6.2 场地清理

6.2.1 不得焚烧杂草、树木等。

6.2.2 清理淤泥或处理空穴前，应查明地质情况，采取保证人员和机械安全的防护措施。

6.3 土方工程

6.3.1 取土场（坑）的边坡、深度等应满足设计要求，且不得危及周边建（构）筑物等既有设施的安全。

6.3.2 取土场（坑）底部应平顺并设有排水设施，取土场（坑）边周围应设置警示标志和安全防护设施，宜设置夜间警示和反光标识。

6.3.3 地面横向坡度陡于 1:10 的区域，取土坑应设在路堤上侧。

6.3.4 取土坑与路基间的距离应满足路基边坡稳定的要求，取土坑与路基坡脚间的护坡道应平整密实，表面应设 1%~2% 向外倾斜的横坡。

6.3.5 路堑开挖应采取保证边坡稳定的措施，边坡有防护要求的应开挖一级防护一级，且应自上而下开挖，不得掏底开挖、上下同时开挖、乱挖超挖。开挖应按施工方案执行，并应符合下列规定：
1 宜按规定监测土体稳定性。
2 应采取临时排水措施。
3 应及时排除地表水、清除不稳定孤石。

6.3.6 深挖路堑施工应及时施做临时排水设施。边坡应严格按设计坡度开挖，并应监测边坡的稳定性。

6.3.7 填方作业区边缘应设置明显的警示标志，并应做好临时排水。

6.3.8 高填方路堤施工应符合下列规定：
1 路堤预留宽度应符合设计要求。
2 应及时施做边坡临时排水设施。
3 作业区边缘应设置明显的警示标志。
4 应进行位移监测。

6.3.9 靠近结构物处挖土应采取安全防护措施。路基范围内暂时不能迁移的结构物应预留土台，并应设警示标志。

6.4 石方工程

6.4.1 爆破作业前应设置警戒区。

6.4.2 石方开挖严禁采用硐室爆破。

6.4.3 近边坡部分宜采用光面爆破或预裂爆破。

6.4.4 高填方路基施工应符合本规范第6.3.7条的规定。

6.4.5 深挖路堑施工过程中，应及时施做临时排水设施。边坡应严格按设计坡度开挖，并应监测边坡的稳定性。

6.5 防护工程

6.5.1 砌筑施工应符合下列规定：
1 边坡防护作业应设警戒区，并应设置明显的警示标志。
2 砌筑作业人员应佩戴安全帽、防滑鞋等防护用品。
3 高度超过2m作业应设置脚手架，并应符合本规范第5.7节的有关要求。
4 砌筑作业中，脚手架下不得有人操作及停留，不得重叠作业。
5 不得自上而下顺坡卸落、抛掷砌筑材料。
6 高处运送材料宜使用专用提升设备。
7 高边坡的防护应编制专项安全方案。

6.5.2 砂浆喷射作业应严格执行操作规程，边坡喷射砂浆应自下而上顺序施作。

6.5.3 人工开挖支挡抗滑桩施工除应符合现行《公路路基施工技术规范》（JTG F10）的有关规定外，尚应符合下列规定：
1 现场应配备气体浓度检测仪器，进入桩孔前应先通风15min以上，并经检查确认孔内空气符合现行《环境空气质量标准》（GB 3095）规定的三级标准浓度限值。人工挖孔作业时，应持续通风，现场应至少备用1套通风设备。
2 土石层变化处和滑动面处不得分节开挖。应及时加固防护护壁内滑裂面。
3 同排桩施工应跳槽开挖，相邻桩孔不得同时开挖，相邻两孔中的一孔浇筑混凝土，另一孔内不得有作业人员。
4 土层或破碎岩石中挖孔桩应采用钢筋混凝土护壁，并应根据计算确定护壁厚度和配筋量。

5 孔内作业人员应戴安全帽、系安全带、穿防滑鞋，安全绳应系在孔口。作业人员应通过带护笼的直梯进出，人员上下不得携带工具和材料。作业人员不得利用卷扬机上下桩孔。

6 绞车、绞绳、吊斗、卷扬机等设备应完好，起吊设备应装设限位器和防脱钩装置。

7 孔口处应设置护圈，护圈应高出地面0.3m。孔口应设置护栏和临时排水沟，夜间应悬挂示警红灯。孔口四周不得堆积弃渣、无关机具及其他杂物。

8 非爆破开挖的挖孔桩雨季施工，孔口应设置防雨棚，雨天孔内不得施工。

9 在含有毒有害气体的地区，孔内作业应至少每2h检测一次有毒有害气体及含氧量，保持通风，同时应配备不少于5套且满足施救需要的隔绝式压缩氧自救器等应急救援器材。

10 孔深不宜超过15m，孔径不宜小于1.2m。

11 孔深超过15m的桩孔内应配备有效的通信器材，作业人员在孔内连续作业不得超过2h；桩周支护应采用钢筋混凝土护壁，护壁上的爬梯应每间隔8m设一处休息平台。孔深超过30m的应配备作业人员升降设备。

12 孔口应设专人看守，孔内作业人员应检查护壁变形、裂缝、渗水等情况，并与孔口人员保持联系，发现异常应立即撤出。

13 挖孔作业人员的头顶部应设置护盖。弃渣吊斗不得装满，出渣时，孔内作业人员应位于护盖下。

14 孔内照明电压应为安全电压，应使用防水带罩灯泡，电缆应为防水绝缘电缆。

15 孔内爆破作业应专门设计，采用浅眼松动爆破法，并应严格控制炸药用量，炮眼附近孔壁应加强防护或支护。孔深不足10m，孔口应做覆盖防护。爆破作业的安全管理应按照现行《爆破安全规程》（GB 6722）中的有关规定执行。爆破前，相邻桩孔人员必须撤离。

16 混凝土护壁应随挖随浇，每节开挖深度应符合专项施工方案要求，且不得超过1m。护壁外侧与孔壁间应填实。混凝土护壁浇筑前，上下段护壁的钩拉钢筋应绑扎牢固。护壁模板应在混凝土强度达到5MPa以上后拆除。

6.5.4 挡土墙施工除应符合现行《公路路基施工技术规范》（JTG F10）的有关规定外，尚应符合下列要求：

1 挡土墙施工应设警戒区。

2 回填作业应在挡土墙墙身的强度达到设计强度的75%后实施，墙背1.0m以内不宜使用重型振动压路机碾压。

3 挡土墙墙高大于2m时，施工应符合本规范第5.7节的有关规定。

4 锚杆挡土墙施工前，应清除岩面松动石块，并整平墙背坡面。

6.5.5 锚杆、锚索预应力张拉应符合施工工艺要求。

6.5.6 张拉作业应设警戒区，操作平台应稳固，张拉设备应安装牢固。

6.5.7 张拉过程中操作人员不得离岗，千斤顶后方不得站人。

6.6 排水工程

6.6.1 高边坡截水沟施工应设置防作业人员坠落设施。

6.6.2 排水沟施工不得自上而下滚落运送材料。

6.6.3 渗井应随挖随支，停止施工或完成后应加盖封闭。

6.7 软基处理

6.7.1 施工场地及机械行走范围的承载力应满足相应的要求，并应保持平整。

6.7.2 排水板打设设备与架空线路之间的安全距离应符合本规范第5.6.14条的有关规定。

6.7.3 振沉砂桩或碎石桩作业灌料斗下方不得站人。

6.7.4 强夯施工应符合下列规定：
1 强夯作业区应封闭管理并设置安全警示标志，由专人负责统一指挥。
2 强夯机架刚度、强度、稳定性应满足施工要求，变换夯位后，应检查门架支腿。作业前，应提升夯锤0.1~0.3m检查整机的稳定性。
3 吊锤机械驾驶室前应设置防护网，驾驶员应佩戴防护镜。

6.7.5 旋喷桩的高压设备和管路系统的密封圈应完好，各管道和喷嘴内不得有杂物。喷射过程中出现压力突变应停工查明原因。

6.7.6 真空预压施工应符合下列规定：
1 施工用电应符合本规范第4.4节的规定。
2 应观察负压对邻近结构物的影响。
3 排水不得危及四周道路及结构物。

6.7.7 在淤泥区域进行换填施工作业时，应采取防止人员陷入的措施。

6.8 特殊路基

6.8.1 滑坡地段路基施工应符合下列规定：

1 路基施工应加强对滑坡区内其他工程和设施的保护。滑坡区内有河流时，施工不得使河流改道或压缩河道。

2 滑坡影响范围应设安全警示标志，根据现场情况设置围挡等防护措施。

3 滑坡影响范围内不得设置临时生产、生活设施或停放机械、堆放机具等。

4 施工前应先做好截、排水设施，并应随开挖随铺砌。施工用水不得浸入滑坡地段。

5 滑坡体上开挖路堑和修筑抗滑支挡构筑物时，应分段跳槽开挖，不得大段拉槽开挖，并随挖、随砌、随填、随夯；开挖与砌筑时应加强支撑和临时锚固，并监测其受力状态；采用抗滑桩挡土墙共同支挡时，应先做抗滑桩后做挡土墙。

6 冰雪融化期不得开挖滑坡体，雨后不得立即施工，夜间不得施工。

6.8.2 崩塌与岩堆地段施工应符合下列规定：

1 施工前应对影响范围进行评估，并应对既有建（构）筑物和交通设施等采取相应的安全防护或迁移措施。

2 施工前应先清理危岩，并根据现场情况修建拦截建（构）筑物等防护措施。防治工程应及时配套完成。

3 刷坡时应明确刷坡范围，并设置围挡和警示标志。

4 爆破开挖时应采取控制爆破技术，并加强现场防护及爆破后的检查。

6.8.3 岩溶地区施工应符合下列规定：

1 施工前应根据洞穴的位置和分布情况，设置明显的警示标志和防护设施。

2 洞内存在有害气体和物质未排除前人员不得进入。不稳定洞穴应采取临时支撑等安全措施。

3 应先疏导、引排对路基稳定有影响的岩溶水、地面水。

4 注浆处理时，应观测注浆压力和周边情况，发现异常应及时采取相应措施。

6.8.4 泥石流地区施工取土和弃土应避开泥石流影响。

6.8.5 采空区施工应符合下列规定：

1 施工前应在施工现场对采空区塌陷影响范围进行标识，并设置警示标志，规定作业人员和施工机械作业范围。

2 路基边沟及排水沟底部，应采取防止地表水渗漏到采空区内的措施。

6.8.6 在同一个雪崩区，防雪工程应自雪崩源头开始施工，上一单项工程未完成时，相邻的下一个单项工程不得施工。

6.8.7 沿江、河、水库等地区施工应符合下列规定：

1 沿河、沿溪地区的高填方、半挖半填、拓宽路段的新老交界面应按设计要求采取保证路基稳定的措施，峡谷地段宜采用石质填料。

2 汛期应采取防洪措施。

7 路面工程

7.1 一般规定

7.1.1 施工中，拌和楼、发电站（机）、运输车、滑模摊铺机、轨道摊铺机、沥青摊铺机等大型机械设备及其辅助机械（具）操作手不得擅自离开操作台。

7.1.2 施工现场出入口、沿线各交叉口等处应设明显警示、警告标志，并应设专人指挥。

7.1.3 机械设备停放位置应平整，周围应设置明显的警示标志，夜间应设警示灯。

7.1.4 开挖下承层沟槽或施作伸缩缝应设置明显的安全警示标志。

7.1.5 夜间施工，现场作业人员应身穿反光服，路口、危险路段和桥头引道应设置警示灯或反光标志，施工设备均应有照明设备和明显的警示标志，照明应满足夜间施工要求。

7.1.6 隧道内摊铺沥青混凝土路面应符合下列规定：
1 应采用机械通风排烟，隧道内空气中的有毒气体和可燃气体的浓度不得超过相关规定。
2 隧道内作业人员应佩戴符合要求的防毒面具。
3 隧道内应有照明和排风等设施，作业人员应穿反光服。

7.2 基层与底基层

7.2.1 消解石灰，浸水过程中不得投料、翻拌，人员应远避并采取个体防护措施。

7.2.2 拌和作业开机前应警示，拌和机前不得站人，拌和过程中人员不得跨越皮带或调整皮带运输机。

7.2.3 混合料运输应按指定线路行走，不得超载、超速。卸料升斗时，人员不得在车斗的正下方停留。

7.2.4 整平和摊铺作业应临时封闭交通、设明显警示标志，下承层内的各类检查井口应稳固封盖，辅助作业人员应面向压路机方向作业，设备之间应保持安全距离。

7.2.5 碾压作业应符合下列规定：
1 多台压路机同时作业时，各机械之间应保持安全距离。
2 作业人员应在行驶机械后方清除轮上黏附物。
3 碾压区内人员不得进入，确需人员进入的应安排专人监护。

7.3 沥青面层

7.3.1 封层、透层、黏层施工应符合下列规定：
1 喷洒前应做好检查井、闸井、雨水口的安全防护。
2 洒布车行驶中不得使用加热系统。洒布地段不得使用明火。
3 小型机具洒布沥青时，喷头不得朝上，喷头10m范围不得站人，不得逆风作业。
4 大风天气，不得喷洒沥青。

7.3.2 沥青储存地点应配备灭火器、消防砂等消防设施，并应设置警示标志。

7.3.3 沥青脱桶、导热油加热沥青作业应采取防火、防烫伤措施。

7.3.4 沥青混合料拌和作业除应符合本规范第7.2.2条规定外，尚应符合下列规定：
1 拌和机点火失效时，应关闭喷燃器油门，并应通风清吹后再行点火。
2 拌和过程中人员不得在石料溢流管、升起的料斗下方站立或通行。
3 沥青罐内检查不得使用明火照明。
4 沥青拌和站应配备灭火器、消防砂等消防设施。

7.3.5 沥青路面摊铺、碾压应符合本规范第7.2节的有关规定。

7.4 水泥混凝土面层

7.4.1 拌和及运输应符合本规范第5.4节的规定。

7.4.2 摊铺作业布料机与振平机应保持安全距离。

7.4.3 切缝、刻槽作业范围应设警戒区。

8 桥涵工程

8.1 一般规定

8.1.1 跨既有公路施工,通行区应搭设安全通道。安全通道应满足通行要求,施工作业面底部应悬挂安全网。安全通道应设防撞设施及限高、限宽、减速标志和设施,梁式桥的模板支架及其他设施宜在防撞栏等上部构造施工完成后拆除。

8.1.2 泥浆池、沉淀池周围应设置防护栏杆和警示标志。

8.2 预应力混凝土工程

8.2.1 预应力张拉机具设备应按规定校验、标定。

8.2.2 张拉作业应符合下列规定:
1 张拉作业现场应设警戒区。
2 张拉及放张程序应符合设计要求。张拉过程中出现异常现象应立即停止张拉作业,检查、排除异常。

8.2.3 先张法施工应符合下列规定:
1 张拉端后方应设立防护挡墙。
2 正式施工前应进行试张拉。
3 张拉及放张过程中预制台座区域及张拉台座两端不得站人。
4 已张拉的预应力钢筋不得电焊、站人。

8.2.4 先张法施工,张拉台座应经设计验算,强度、刚度和稳定性应符合要求。张拉完毕后,应妥善保护张拉施锚两端。

8.2.5 后张法施工应符合下列规定:
1 高处张拉作业应搭设张拉作业平台、张拉千斤顶吊架,平台应加设防护栏杆和上下扶梯。
2 梁端应设围护和挡板。

3 张拉作业时千斤顶后方不得站人。
4 管道压浆作业人员应佩戴护目镜。

8.3 钻（挖）孔灌注桩

8.3.1 钻（挖）孔灌注桩施工作业应符合下列规定：
1 施工作业区域应设置警戒区。
2 临近堤防及其他水利、防洪设施施工应符合相关部门的有关规定。
3 山坡上钻（挖）孔灌注桩施工应清除坡面上的危石和浮土；存在裂缝的坡面或可能坍塌区域应采取必要的防护措施。
4 停止施工的钻、挖孔桩，孔口应加盖防护，四周应设置护栏及明显的警示标志，夜间应悬挂示警红灯。
5 钻机等高耸设备应按规定设置避雷装置。
6 钢筋笼下放应采用专用吊具。钢筋笼孔口连接时，孔内钢筋笼应固定牢靠。作业人员不得在钢筋笼内作业，安全带不得扣挂在钢筋笼上。
7 浇筑混凝土时，孔口应设防坠落设施。

8.3.2 钻孔灌注桩施工作业应符合下列规定：
1 施工场地及行走道路应平坦坚实，满足钻机正常工作和移动的要求。
2 钻机安设应平稳、牢固。
3 发生卡钻时，不得强提，应查明原因并处理。
4 停钻时，钻头、钻杆应置于孔外安全位置。
5 钻机电缆线接头应绑扎牢固，不得透水、漏电；电缆线不得浸泡于水、泥浆中，不得挤压电缆线及风水管路。

8.3.3 冲击钻机的卷扬机应制动良好，钻架顶部应设置行程开关。钢丝绳应无死弯和断丝，安全系数不应小于12；钢丝绳夹数量应与钢丝绳直径相匹配，并应设置保险绳夹。

8.3.4 回旋钻机成孔应符合下列规定：
1 回旋钻机钻进时，高压胶管下不得站人。水龙头与胶管应连接牢固。钻机旋转时，不得提升钻杆。
2 钻机移动不得挤压电缆线及管路。
3 潜水钻机钻孔时，每完成一根钻孔桩后应检查电机的密封状况。

8.3.5 旋挖钻机成孔应符合下列规定：
1 钻孔作业过程中，应观察主机所在地面变化情况，发现下沉现象应及时停机处理。因故长时间停机应挂牢套管口保险钩。

2 场内墩位间转移旋挖钻机应预先检查转移路线、放倒机架，并应设专人指挥。

8.3.6 岩溶、采空区和其他特殊地区钻孔灌注桩施工作业应符合下列规定：

1 施工前，应核对桩位处的地质勘察资料；地质情况有疑问时，应补充完善地质资料。

2 发生漏浆及坍孔等现象，应立即停止作业，采取保证平台、钻机和作业人员安全的措施。

8.3.7 大直径、超长桩钢护筒作为平台支撑时，最小埋置深度应满足工作平台受力和稳定性要求。

8.3.8 无法采用机械成孔且无地下水或有少量地下水，无不良地质的地区，可采用人工挖孔。

8.3.9 人工挖孔桩作业应制订专项施工方案，并应符合本规范第6.5.3条的规定。

8.4 沉入桩

8.4.1 钢筋混凝土桩、预应力混凝土桩和钢管桩的吊运、存放和运输应符合现行《公路桥涵施工技术规范》（JTG/T F50）的有关规定。

8.4.2 沉入桩施工应符合下列规定：

1 沉桩施工区域应设置明显的安全警示标志，非作业人员不得进入施工区域。
2 起吊桩或桩锤作业人员不得在桩、桩锤下方或桩架龙门口停留或作业。
3 吊点应符合设计要求，桩身应设溜绳，桩身不得碰撞桩锤或桩机。

8.4.3 锤击沉桩作业应符合下列规定：

1 打桩机移动轨道应铺设平顺、轨距一致，轨道与轨枕应钉牢，钢轨端部应设止轮器，打桩机应设夹轨器。
2 应设专人指挥打桩机移动，机体应平稳，桩锤应置于机架最低位置，打桩机应按要求配重。
3 滚杠滑移打桩机，工作人员不得在打桩机架内操作。
4 应经常检查维护打桩架及起重工具。检查维护的桩锤应放落在地面或平台上。工作状态不得维护打桩机。
5 锤击沉桩应按要求观测邻近建（构）筑物和周边土体的沉降和位移，发现异常应停止沉桩并采取措施处理。

6 沉桩时，桩锤、送桩与桩应保持在同一轴线上。

8.4.4 振动沉桩作业应符合下列规定：

1 沉桩时，作业人员应远离基桩。沉桩过程遇有异常情况应立即停振，并妥善处理。

2 桩机停止作业时应立即切断动力源。

3 电动振动锤使用前应测定电动机的绝缘值，且不得小于 $0.5M\Omega$，并应对电缆芯线进行通电试验。电缆绝缘层应完好无损。电缆线应采取有效的防止磨损、碰撞的保护措施。沉桩或拔桩作业时，电动振动锤的电流不得超过规定值。

8.4.5 水上沉桩除应符合本规范第 8.4.1 条～第 8.4.4 条的规定外，尚应符合下列规定：

1 固定平台、自升式平台应搭设牢固。打桩机底座应与打桩平台连接牢靠。

2 打桩船沉桩应符合本规范第 5.8.18 条的有关规定。

8.4.6 拔桩的起重设备应配超载限制器，不得强制拔桩。

8.5 沉井

8.5.1 沉井制作场地应符合现行《公路桥涵施工技术规范》（JTG/T F50）的有关规定。

8.5.2 筑岛制作沉井应符合下列规定：

1 筑岛围堰应牢固、抗冲刷。

2 筑岛围堰顶高程应高于施工期间可能出现的最高水位 0.7m 以上，同时应考虑波浪的影响。

8.5.3 施工机械设备应在坚实的基础上作业，其承载力应满足设备施工要求。

8.5.4 沉井顶部作业应搭设作业平台，平台结构应依跨度、荷载经计算确定，作业平台的脚手板应满铺且绑扎牢固，临边防护、通道等设施应符合本规范第 5.7 节的有关规定。

8.5.5 制作沉井应同步完成直爬梯或梯道预埋件的安设，各井室内应悬挂钢梯和安全绳。

8.5.6 沉井照明应充足，作业施工用电应符合现行《施工现场临时用电安全技术规范》（JGJ 46）的规定。

8.5.7 沉井内的水泵、水力机械、管道、起重等施工设备应安装牢固。

8.5.8 沉井内的潜水作业应符合本规范第5.9节的有关规定。

8.5.9 施工过程中，应安排专人负责观察现场情况，发现涌水、涌砂时，井内作业人员应及时撤离。

8.5.10 下沉前，应对周边的建（构）筑物和施工设备采取有效的防护措施。下沉过程中，应对邻近建（构）筑物、地下管线进行监测，发现异常应停止作业，并采取相应措施。

8.5.11 沉井取土下沉应符合下列规定：
1　不宜采用爆破法进行沉井内取土，必须爆破时应经专项设计。
2　开挖沉井刃脚或井内横隔墙附近时，无关人员不得进入现场。
3　井内起重作业应符合本规范第5.6节的有关规定。

8.5.12 采用配重下沉沉井，配重物件应堆码整齐，沉井纠偏应逐级增加荷载，并连续观测。

8.5.13 高压射水辅助下沉时，高压水不得直接对人或机械设备、设施喷射。

8.5.14 空气幕辅助下沉的储气罐应放置在通风遮阳位置，不得曝晒或高温烘烤。

8.5.15 沉井顶端距地面小于1m时，应在井口四周架设防护栏杆和相关安全警示标志。

8.5.16 沉井接高应停止沉井内取土作业。倾斜的沉井不得接高。

8.5.17 浮式沉井应制订专项施工方案，浮运、就位、下沉等施工阶段应设专人观测沉井的稳定性。

8.5.18 沉井内潜水清理作业应符合本规范第5.9节的有关规定。

8.5.19 浇筑沉井封底混凝土应搭设工作平台。

8.6 地下连续墙

8.6.1 地下连续墙施工应编制专项施工方案，在堤防等水利、防洪设施及其他既有构筑物周边施工应进行风险评估，施工过程中应持续观测。

8.6.2 地下连续墙施工应设警戒区，施工现场和施工道路应平整，地基承载力应满足施工要求。

8.6.3 地下连续墙安放钢筋笼、浇筑混凝土应符合本规范第8.3节的有关规定。

8.6.4 开挖作业应在地下连续墙的混凝土达到设计强度后进行。开挖挡土墙结构的地下连续墙时，应严格按照程序设置围檩支撑或土中锚杆。

8.7 围堰

8.7.1 围堰内作业应及时掌握水情变化信息，遇有洪水、流冰、台风、风暴潮等极端情况，应立即撤出作业人员。

8.7.2 土石围堰施工应符合现行《公路桥涵施工技术规范》（JTG/T F50）的有关规定。

8.7.3 钢板（管）桩围堰施工除应符合本规范第8.4节的有关规定外，尚应符合下列规定：
1 地下水位高或水中围堰应采取可靠的止水措施。
2 水中围堰抽水应及时加设围檩和支撑系统。
3 水上作业应符合本规范第5.8节的有关规定。

8.7.4 双壁钢围堰施工应符合下列规定：
1 应按设计要求制造钢围堰，焊缝应检验，并应进行水密试验。
2 浮船或浮箱上组装双壁钢围堰，钢围堰应稳固。
3 双壁钢围堰浮运、吊装应制订专项施工方案。
4 水上作业应符合本规范第5.8节的有关规定。
5 钢围堰接高和下沉作业过程中，应采取保持围堰稳定的措施。悬浮状态不得接高作业。
6 施工过程中应注意监测水位变化，围堰内外的水头差应在设计范围内。

8.7.5 钢吊（套）箱围堰施工应符合下列规定：
1 应验算悬吊装置、吊杆的安全性以及有底钢吊（套）箱的抗浮性。
2 吊装所用设备、机具，状态应良好。
3 吊（套）箱就位后应及时与四周的钢护筒连成整体。
4 吊（套）箱内排水应在封底混凝土强度符合设计规定后进行，排水不应过快，并应加强监测吊箱变化情况、及时设置内支撑。

8.7.6 围堰拆除应符合专项施工方案的要求，内外水位应保持一致，拆除时应设置稳固装置，潜水作业应符合本规范第 5.9 节的有关规定。

8.8 明挖地基

8.8.1 挖基施工宜在枯水或少雨季节进行，并应连续施工，有支护的基坑应采取防碰撞措施，基坑附近有管网或其他结构物时，应有可靠的防护措施。中等以上降雨期间基坑内不得施工。

8.8.2 基坑内作业前，应全面检查边坡滑塌、裂缝、变形以及基坑涌水、涌砂等情况，并应翔实记录。坑沿顶面出现裂缝、坑壁松塌或遇有涌水、涌砂影响基坑边坡稳定时，应立即加固防护，在确认安全后方可恢复施工。

8.8.3 大型深基坑除应遵循边开挖、边支护的原则施工外，尚应建立边坡稳定信息化动态监控系统。

8.8.4 开挖和降水施工应符合下列规定：
1 开挖应视地质和水文情况、基坑深度按规定坡度分层进行，不得采用局部开挖深坑或从底层向四周掏土的方法施工。
2 开挖影响邻近建（构）筑物或临时设施时，应采取安全防护措施。
3 开挖过程中应监测边坡的稳定性、支护结构的位移和应力、围堰及邻近建（构）筑物的沉降与位移、地下水位变化、基底隆起等项目。
4 基坑顶面应设置截水沟。多年冻土地基上开挖基坑，坑顶截水沟距基坑上边缘不得小于 10m，排出水的位置应远离基坑。
5 排水作业不得影响基坑安全，排水困难时，应采用水下挖基方法，并应保持基坑中原有水位。
6 爆破开挖宜采用浅眼松动爆破法。爆破作业应符合现行《爆破安全规程》（GB 6722）的规定。
7 开挖影响既有道路车辆通行时，应制订交通组织方案。
8 冻结法开挖时，制冷设备的电源应采用不同供电所双路输电，应分层冻结、逐层开挖，不得破坏周边冻结层，基础工程施工应在冻融前完成。

9 弃方不得阻塞河道、影响泄洪。

10 基坑周边1m范围内不得堆载、停放设备。

11 深基坑四周距基坑边缘不小于1m处应设立钢管护栏、挂密目式安全网，靠近道路侧应设置安全警示标志和夜间警示灯带。

8.8.5 坑壁及支护施工应符合下列规定：

1 应根据水文、地质、开挖方式及施工环境条件等因素，确定坑壁的支护措施，并严格执行。

2 顶面有动载的基坑，其边沿与动载之间应留有不小于1m宽的护道，动荷载较大时宜适当加宽护道；水文和地质条件较差时，应采取加固措施。

3 支护结构应通过设计计算确定，支护结构和支撑的强度、刚度及稳定性应满足基坑开挖施工的要求。

4 直接喷射混凝土加固坑壁，喷射前应清除坑壁上的松软层及岩渣。锚杆、预应力锚索和土钉支护施工参数应通过抗拉拔力试验确定。

5 加固坑壁应按照设计要求逐层开挖、逐层加固，坑壁或边坡上有明显出水点处应设置导管排水。

8.9 承台与墩台

8.9.1 承台施工模板和混凝土作业应符合本规范第5.2节和第5.4节的有关规定。

8.9.2 现浇墩、台身、盖梁施工除应符合现行《公路桥涵施工技术规范》（JTG/T F50）的有关规定外，尚应符合下列规定：

1 脚手架及作业平台应搭设牢固，不得与模板及其支撑体系联结，高处作业应符合本规范第5.7节的有关规定。

2 墩身高度超过40m宜设施工电梯，电梯司机应按照有关规定经过专门培训，并应取得相应资格证书。

3 墩身钢筋绑扎高度超过6m应采取临时固定措施。

4 模板工程应符合本规范第5.2节的有关要求，设置防倾覆设施，高墩且风力较大地区的墩身模板，应考虑风力影响。

5 混凝土浇筑应符合本规范第5.4节的有关规定。

8.9.3 预制墩身吊装应符合本规范第5.6节的有关规定。

8.9.4 高墩翻模施工应符合下列规定：

1 翻模应专门设计，刚度、强度应满足施工要求。

2 翻模分节分块的重量应满足起重设备的使用规定，吊装作业应符合本规范第5.6节的有关规定。

3 每层模板均应设工作平台，安全防护设施应符合本规范第5.7节的有关规定。

4 夜间不宜进行翻模作业。

8.9.5 高墩爬（滑）模施工应符合下列规定：

1 爬（滑）模系统应专门设计，刚度、强度应满足施工要求。安全防护设施应符合本规范第5.7节的有关规定。

2 液压系统顶升应保持同步、平稳。

3 拆模应在混凝土强度达2.5MPa以上后实施。爬升时承载体受力处的强度应大于15MPa。

4 应经常检查、及时更换预埋爬锥配套螺栓。

5 爬（滑）模不宜夜间升降。

8.10 砌体

8.10.1 砌体工程施工应符合下列规定：

1 砌筑基础前应先做好临时排水，并应检查基坑边坡稳定情况。

2 砌筑材料应随运随砌、分散码放。

3 吊运砌筑材料应符合本规范第5.6节的有关规定。

4 在距地面2m及以上的高处从事砌筑、撬石、运料、开凿缝槽等作业时，应搭设作业平台，高处作业应符合本规范第5.7节的有关规定。

5 破石及开凿缝槽作业，作业人员之间的距离不应小于2m。砌筑作业应自下而上进行；人员不得在支架下方操作或停留，砌筑勾缝不得交叉作业。

6 雨、冰冻后，应检查砌体，发现存在垂直度变化、裂缝、不均匀下沉等现象，应查明原因，及时修复。

7 砌体上不宜拉锚缆风绳、吊挂重物、设置其他施工临时设施和支撑的支承点。

8 坡面砌筑应预先清除上方不稳固石块等物料。不得从高处往下抛掷石料或自上而下自由滚落运送石料。

8.10.2 加筋土桥台施工应符合下列规定：

1 面板应逐层安砌、稳固并分层摊铺、碾压填料。未完成填土作业的面板上不得安砌上一层面板。

2 台背填筑施工过程中应随时观测加筋土桥台的变形、位移，发现异常应暂停施工，及时处理。

8.10.3 勾缝及养护应符合下列规定：

1 抹面、勾缝、养护涉及高处作业的，应符合本规范第 5.7 节的有关规定，并应按照先上后下顺序施工。

2 多级砌体、护坡应按照先上后下的顺序抹面、勾缝。

3 养护期间应避免砌体震动、承重或碰撞砌体。

8.11 钢筋混凝土和预应力梁式桥

8.11.1 支架现浇施工应符合下列规定：

1 支架、模板和混凝土浇筑应符合本规范第 5.2 节和第 5.4 节的有关规定。

2 支架在承重期间，不得随意拆除任何受力杆件。承重模板支架应在张拉完成后拆除。

3 梁体底模、支架应严格按设计要求顺序卸载。

8.11.2 移动模架施工应符合下列规定：

1 模架应按产品的操作手册拼装，并由移动模架设计制造厂家派专人现场指导安装与调试。

2 首孔梁浇筑位置就位后应按设计要求进行预压。

3 混凝土的浇筑过程中，应随时检查模架的关键受力部位和支撑系统，有异常时应采取有效措施及时处理；移动过孔时，应监控模架的运行状态。

4 每完成一孔梁的施工，均应对模架的关键部位及支撑系统进行检查，发现问题应及时处理。

5 模架横向移动和纵向移动过孔时，应解除作用于模架上的全部约束。纵向移动时两侧的承重钢梁应保持同步。模架在移动过孔时的抗倾覆系数不得小于 1.5。

8.11.3 装配式桥施工应符合下列规定：

1 装配式桥构件移动、存放和吊装时的混凝土强度不应低于设计吊装强度；设计未规定时，不得低于设计强度的 80%。

2 存梁台座应坚固稳定，且应高出地面 0.2m 以上，存放地点应设置排水系统。梁、板构件存放支点位置应符合设计规定。上下层垫木应在同一条竖线上；叠放的高度宜按构件强度、台座地基的承载力、垫木强度及叠放的稳定性等计算确定，大型构件不宜超过 2 层，小型构件不宜超过 6 层。

3 架桥机的抗倾覆稳定系数不得小于 1.3；架桥机过孔时，起重小车应位于对稳定最有利的位置，且抗倾覆稳定系数不得小于 1.5。架桥机的安装、使用、检修、检验等应符合现行《架桥机安全规程》（GB 26469）的有关要求。

4 梁、板构件移动吊点位置应符合设计规定，经冷拉的钢筋不得用作构件吊环，吊环应顺直，吊绳与起吊构件的交角小于 60°时应设置吊梁或起吊扁担。

5 吊移高宽比较大的预应力混凝土 T 型梁和 I 型梁应采取防止梁体侧向弯曲的有

效措施。

6 架桥机纵向移动应一次到位，不得中途停顿。起吊天车提升与携梁行走不得同时进行，天车携梁应平稳前移。停止作业的架桥机应临时锚固。

7 运梁、架设应在相邻梁片之间的横向主筋焊接完成后实施。

8 架梁和湿接缝施工期间应设置母索系统。

9 梁、板安装及架桥机移动过孔期间，作业区域下方应设警戒区。

10 就位后的梁、板应及时固定，T型梁、I型梁应与先安装的构件形成横向连接。

8.11.4 悬臂浇筑除应符合现行《公路桥涵施工技术规范》（JTG/T F50）的有关规定外，尚应符合下列规定：

1 挂篮制作加工完成后应进行试拼装。现场组拼后，应检查验收，并应按最大施工组合荷载的1.2倍做荷载试验。

2 挂篮行走滑道铺设应平顺，锚固应稳定。行走前应检查行走系统、吊挂系统、模板系统等。

3 挂篮应在混凝土强度符合要求后移动，墩两侧挂篮应对称平稳移动；就位后应立即锁定；挂篮每次移动后，应经检查验收。

4 雨雪天或风力超过挂篮设计移动风力时，不得移动挂篮。

8.11.5 悬臂拼装应符合下列规定：

1 梁段装车、装船运输应平稳安放，梁段与车、船之间应安装防倾覆固定装置。

2 梁段起吊时混凝土强度应符合设计规定。

3 拼装施工前应按施工荷载对起吊设备进行强度、刚度和稳定性验算，其安全系数不得小于2。梁段起吊安装前，应对起吊设备进行全面安全技术检查，并应分别进行1.25倍设计荷载的静荷和1.1倍设计荷载的动荷起吊试验。梁段正式起吊拼装前，起吊条件应符合要求。

4 天气突然变化、卷扬机电机过热或其他机械设备出现故障时，应暂停吊运作业，并应采取相应的应急避险措施。

8.11.6 顶推施工应符合现行《公路桥涵施工技术规范》（JTG/T F50）的有关规定，墩台上宜设置导向装置，顶推过程中，宜监测梁体的轴线位置、墩台的变形、主梁及导梁控制界面的挠度和应力变化等；发现异常，应停止顶推并处理。

8.11.7 整孔预制安装箱梁施工应符合现行《公路桥涵施工技术规范》（JTG/T F50）的有关规定，架设安装时，箱梁在起落过程中应保持水平；顶落梁时梁体的两端应同步缓慢起落，并不得冲击临时支座。

8.12 拱桥

8.12.1 各类拱桥施工涉及高空作业，安全防护设施均应符合本规范第 5.7 节的有关规定。

8.12.2 拱架浇（砌）筑拱圈应符合下列规定：
1 拱架及模板应进行专项设计，强度、刚度和稳定性应满足最不利工况要求。落地式拱架弹性挠度不得大于相应结构跨度的 1/2 000，且不得超过 50mm；拱式拱架弹性挠度不得大于相应结构跨度的 1/1 000，且不得超过 100mm。拱架抗倾覆稳定系数不得小于 1.5，并应满足本规范第 5.2 节的有关规定。
2 拱架正式施工前应进行预压，预压应符合本规范第 5.2 节的有关规定。
3 拱圈混凝土浇筑或圬工砌筑顺序应按设计要求实施，两端应同步、对称浇（砌）筑。浇（砌）筑时应观测拱架变形情况，发现异常应及时处理。
4 拱架拆除应设专人指挥，不得使用机械强行拽拉拱架。
5 现浇混凝土拱圈的拱架应按设计要求拆除，设计无规定时应在拱圈混凝土达到设计强度的 85% 后拆除。浆砌圬工拱桥的拱架应在砂浆强度达到设计强度的 85% 后拆除。
6 拱架应纵向对称均衡拆除、横向同时拆除。
7 满布式落地拱架应从拱顶向拱脚依次循环拆除。
8 多孔拱桥拱架应多孔同时或各连续孔分阶段拆除；桥墩允许承受单孔施工荷载的可单孔拆除。

8.12.3 混凝土拱肋、横撑、斜撑施工应符合本规范第 8.12.2 条的规定，应在拱肋、横撑、斜撑混凝土强度达到 100% 后，按设计要求的顺序拆除支架。

8.12.4 悬臂浇筑混凝土拱圈除应符合本规范第 8.11.4 条的规定外，尚应符合下列规定：
1 扣塔、扣索、锚碇组成的系统强度、刚度和稳定性应满足最不利工况要求。
2 扣索应在拱圈混凝土达到设计规定的强度后分批、分级张拉，扣索、锚索的钢丝绳和卡具的安全系数应大于 2。
3 应按设计要求调索，并应设专人检查张拉段和扣锚段工作状况、记录索力和位移变化。
4 扣索和锚索应在合龙段混凝土强度符合设计规定的强度或达到设计强度的 85% 后拆除；挂篮应在拱脚处拆除。

8.12.5 斜拉扣挂法悬拼拱肋施工应符合下列规定：
1 扣塔架设及扣锚索张拉应搭设操作平台及张拉平台。

2 扣塔上应设缆风索,缆风索安全系数应大于2。

3 扣索、锚索应逐根分级、对称张拉、放张,扣索、锚索安全系数应大于2。

8.12.6 拱上吊机施工拱肋应符合下列规定:

1 拱上吊机抗倾覆稳定性应满足最不利工况要求。

2 过程中扣索、锚索施工应满足本规范第8.12.5条的相关规定。

3 拱上吊机前行到位后,前支后锚应牢固。非工作状态时应收拢吊钩,臂杆应与钢梁固定。

4 吊机纵、横移轨道上应配备止轮器。

8.12.7 钢管拱肋内混凝土应按设计顺序两端对称浇筑。

8.12.8 转体施工应符合下列规定:

1 桥梁转体的转动体系、锚固体系、动力体系等应进行专项设计。

2 转体施工前,应掌握转体作业期间的天气情况,遇恶劣天气不得进行转体施工。

3 正式转体前应进行试转,明确转动角速度、拱圈悬臂端线速度、牵引力等相关技术参数。

4 转体完成后应及时约束固定,并应浇筑施工球铰处混凝土。

5 合龙段施工时,悬臂端的临时压重及卸载应按照设计方案要求的重量、位置及顺序作业。

8.12.9 有平衡重平转施工应符合下列规定:

1 转体前,应核对平衡体的重量和转动体系的重心;采用临时配重,应设置锚固设施。

2 转动体系应平衡可靠,抗倾覆安全系数应大于1.5,四周的保险支腿应稳固。

3 转动铰低于水面应设围堰保护,低于地平面应在基坑周围砌护墙,围堰和基坑周围应设护栏,非转体作业人员不得入内。

4 扣索和后锚索应牢固可靠。扣索张拉应符合设计要求,应检测扣索的索力,允许偏差不得超过±3%。

5 采用内、外锚扣体系时,扣索宜采用钢绞线和带镦头锚的高强钢丝等高强材料,其安全系数应大于2;大跨径拱桥采用多扣点张拉时,应确保张拉过程同步。

6 扣索张拉到位、拱圈卸架后,应进行24h观测,检验锚固、支撑体系的可靠程度。

7 转动时应控制转动速度,千斤顶应同步牵引。转动角速度应控制在0.01~0.02rad/min,拱圈悬臂端的线速度应控制在1.5~2.0m/min。

8 钢丝绳牵引索应在千斤顶直接顶推启动后再牵引转动。

9 接近止动距离时应按方案要求进行止动操作,并应设专人负责限位工作。

10 合龙段混凝土达到设计强度后，应分批、分级松扣，拆除扣、锚索。

8.12.10 无平衡重平转施工应符合下列规定：

1 尾索张拉、扣索张拉、拱体平转、合龙卸扣作业应监测索力、轴线、高程等。

2 无平衡重平面转体锚固体系的抗剪强度、抗滑稳定性应符合设计要求。锚碇系统两方向的平撑及尾索应形成三角稳定体。转动体系应灵活自如、安全可靠。位控体系应能控制转动体的转动速度和位置。

3 两组尾索应上下左右对称、均衡张拉，桥轴向和斜向的尾索应分次、分组交叉张拉，各尾索的内力应均衡。

4 扣索张拉前，应检查支撑、锚梁、轴套、拱铰、拱体和锚碇等部位（件）。扣索应锚固可靠，拱圈（肋）卸架应对称拴扣风缆。

5 扣索应对称于拱体按由下向上的次序分级张拉。张拉过程中各索内力相对偏差应控制在5kN以内。

6 风缆的走速在启动和就位阶段应控制在 $0.5 \sim 0.6$ m/min，中间阶段应控制在 $0.8 \sim 1.0$ m/min。

7 合龙后扣索应对称、均衡、分级拆除，拆除过程中应监控拱轴线及扣索内力。

8.12.11 竖转法施工应符合下列规定：

1 扣索应选用钢丝绳或钢绞线，钢丝绳的安全系数不得小于6，钢绞线的安全系数不得小于2，锚碇的抗拔、抗滑安全系数不得小于2。

2 索塔的偏载、荷载变化和风力等不得超出设计要求。

3 转动铰应转动灵活，接触面应满足局部承压要求；索塔顶端滚轴组鞍座内应无异物；拱上多余约束应解除。

4 遇恶劣天气不得进行转体施工。

5 转动前应进行试转，竖转速度应控制在 $0.005 \sim 0.01$ rad/min。

6 转动过程中扣索应同步提升，速度应均匀、可控，并应不间断观测吊塔顶部位移、检测后锚索与扣索的索力差，并应控制在允许范围以内。

7 拱顶两侧应对称拴扣缆风索，释放索距应与扣索提升同步。

8.12.12 吊杆（索）、系杆施工应搭设稳定、安全的施工平台，张拉应同步、对称。

8.12.13 拱上结构应符合下列规定：

1 缆索吊装或斜拉扣挂系统应符合本规范第8.12.6条的有关规定。

2 拱上结构施工应符合现行《公路桥涵施工技术规范》（JTG/T F50）的有关规定。

8.13 斜拉桥

8.13.1 混凝土索塔施工应符合下列规定：

1 参加索塔施工的人员应体检，患高血压、心脏病、高空作业禁忌症及医生认为其他不适合从事高空作业的人员，不得从事索塔施工作业。

2 塔吊上部应装设测风仪。塔吊停机作业后，吊臂应按顺风方向停放。

3 索塔施工作业，应在劲性骨架、模板、塔吊等构筑物顶部设置有效的避雷设施，并应定期检测防雷接地电阻。

4 索塔、横梁等悬空作业，应形成绕索塔塔身封闭的高空作业系统，每层施工面应设置安全立网和平网，立网高度不得小于1.5m，平网应随施工高度提升，网格、网距、受力等应符合要求。

5 索塔施工应设警戒区，通往索塔人行通道的顶部应设防护棚。

6 索塔上部、下部、塔腔内部等通信联络应畅通有效。

7 起重作业应执行本规范第5.6节的有关规定。

8 索塔施工超过40m时应设置施工升降机。

9 索塔施工机具、设备和物料的提升和吊运应使用专用吊具。

10 采用泵送浇筑塔身混凝土，混凝土泵管应附墙设置，泵管附墙件应经计算、审核，并应定期检查。

11 索塔施工平台四周及塔腔内部应按要求配备消防器材。

12 索塔施工应设置劲性骨架，劲性骨架的刚度、强度应能满足钢筋架立、模板安装的要求。

13 倾斜索塔施工应验算索塔内力，并应分高度设置水平横撑或拉杆。

8.13.2 索塔横梁及塔身合龙段施工应符合下列规定：

1 支架系统应进行专门设计，其强度、刚度和稳定性应满足最不利工况要求。

2 支架焊接、栓接作业应设置牢固的作业平台。

3 支架系统安装完成后，应组织验收，并应详细记录。

4 横梁与索塔采用异步施工时，上部索塔、下部横梁均应采取防止高空坠落和物体打击的安全措施。

5 下横梁和中横梁钢筋混凝土施工时，在支撑模板的分配梁四周应安装不低于1.2m的安全护栏，护栏外侧应满挂安全网。

6 索塔横梁及塔身合龙段预应力施工，应搭设操作平台，防护设施应符合本规范第5.7节的有关规定。

7 在横梁、塔身合龙段内部空心段拼装、拆除模板时，应配备消防器材和照明设施，必要时应采取通风措施。

8.13.3 钢梁施工应符合下列规定：

1 钢梁施工应编制专项施工方案，超过一定规模的危险性较大工程应按要求进行专家论证。

2 钢梁构件和梁段运输应采取临时固定措施。

3 钢梁存放场地应平整、稳固、排水良好，基础承载力应满足要求。钢梁存放堆码不得大于两层。

4 吊装作业应设置缆风绳等软固定设施。

5 非定型桥面悬臂吊机应进行专门设计，委托具有相应资质的专业单位加工制造，并组织验收。

6 梁段吊装前，应检查桥面悬臂吊机的前支点和后锚固点等关键受力部位。

7 不得用桥面悬臂吊机调整梁段之间的缝宽及梁端高程。

8 压锚前应校验液压千斤顶、测力设备。压索前应检查张拉系统，连接丝杆与斜拉索应顺直。

9 在现场高空焊接、栓接梁段，宜采用桥梁永久检修小车作为焊接、栓接操作平台。梁段焊缝探伤作业人员应穿带有防辐射功能的防护背心。

10 已拼接的桥面钢箱梁临边应设置防护栏杆。

11 钢箱梁悬拼过程中，箱梁内应保持通风，箱梁内照明应使用安全电压。

12 主梁施工过程中，在梁端安装斜拉索后，应在梁端采取控制斜拉索的措施。

13 大跨径斜拉桥施工安排应合理，长悬臂状态下的主梁施工不宜在大风或台风季节进行；不可避免时，应验算长悬臂主梁的稳定性，并应采取临时抗风加固措施。

8.13.4 混凝土主梁挂篮悬浇除应符合本规范第 8.11 节挂篮施工的规定外，尚应符合下列规定：

1 挂篮安装调试后，应按最大施工组合荷载的 1.2 倍做荷载试验。

2 采用挂篮浇筑主梁 0 号段及相邻梁段浇筑施工时，应设置可靠的支架系统，施加在支架上的临时施工荷载应包括悬浇挂篮的重量。

3 浇筑混凝土前，应检查挂篮锚固、水平限位、吊带等部件。

4 浇筑混凝土应保持挂篮对称平衡，偏载量不得超过设计规定。

5 挂篮后端应与已完成的梁段锚固，稳定系数不得小于 2。

6 挂篮行走速度应小于 0.1m/min，前移滑道应铺设平整、顺直，不得偏移。前移时应检查后锚固及各部件受力情况，后锚固的稳定系数不得小于 2。就位后，后锚固点应立即锁定。

7 挂篮后锚固解除后，挂篮应沿箱梁中轴线对称向两端推进，每前进 0.5m 应观测一次。

8.13.5 斜拉索施工应符合下列规定：

1 在船上放置索盘架，应保持放索船平衡。索盘架底部与船体甲板应焊牢，索盘架的 4 个承重点应置于船体骨架上，索架应焊斜支撑。

2 斜拉索展开时，索头小车应保持平衡，操作人员与索体距离不得小于 1m。

3 塔端挂索施工平台应搭设牢固，作业平台关键部位焊接应牢固，平台四周及人员上下平台的通道应设置防护栏杆，护栏外侧应满挂安全网。人员上下通道跳板应满铺。

4 塔内脚手架应稳定可靠，操作平台应封闭，操作平台底应挂安全网。作业人员不得向索孔外扔物品。

5 塔腔内应设人员疏散安全通道。

6 塔腔内照明应采用安全电压，并应配备消防器材。塔腔内不得存放易燃易爆物品。

7 塔端挂索前，应检查塔顶卷扬机、导向轮钢丝绳及卷扬机与塔顶平台的连接焊缝。

8 挂索前，应检查塔腔内撑脚千斤顶、手拉葫芦及千斤顶的吊点情况。

9 挂索或桥面压索前，应检查张拉机具。连接丝杆与斜拉索应顺直，夹板应无变形，焊缝应无裂纹，螺栓应无损伤。

10 梁端移动挂索平台应搭设牢固，滑车及轨道应保持完好。

11 塔腔内放软牵引索应同步，安装工具夹片应及时。

12 千斤顶、油泵等机具及测力设备应校验。张拉杆的安全系数应大于 2，每挂 5 对索应用探伤仪检查一次张拉杆，不得使用有裂纹、疲劳及变形的张拉杆。

8.14 悬索桥

8.14.1 重力式锚碇基坑作业应符合下列规定：

1 基坑开挖施工除应符合本规范第 8.8 节的有关规定外，尚应沿等高线自上而下分层进行开挖，及时支护坑壁，在坑外和坑底应分别设置截水沟和排水沟。

2 夜间施工基坑周围应设置警示灯。

8.14.2 重力式锚碇基础施工应符合下列规定：

1 沉井作为锚碇基础施工除应符合本规范第 8.5 节的有关规定外，尚应在施工下沉过程中注意观察江边堤防等水利设施的稳定情况，发现异常应及时采取相关措施。

2 地下连续墙基础的施工除应符合本规范第 8.6 节的有关规定外，尚应在基坑开挖前对地下连续墙基底的基岩裂隙进行压浆封闭，并应采取防渗措施。

3 高处作业和脚手架施工应符合本规范第 5.7 节的有关规定。

8.14.3 隧道锚洞室开挖和岩锚开挖宜在开挖场所附近选取一处地质相似的地方进行爆破试验，对爆破施工方案的各种参数应进行试验和修正，并应据此确定爆破方案。

8.14.4 索塔施工应符合现行《公路桥涵施工技术规范》(JTG/T F50) 和本规范第 8.13 节的有关规定。

8.14.5 索鞍吊装施工应符合下列规定：

1 对设置在塔顶或鞍部顶面的起重支架及附属的起重装置等应进行专门设计，其强度、刚度和稳定性应符合要求。

2 地面各作业施工区域场地应设置警戒区，并应设置地面安全通道、作业卷扬机防护顶棚等安全防护设施。

3 起重支架在索鞍吊装作业前，应进行荷载试验。试吊加载的重量分别为设计吊重的 80%、100%、110% 和 125%，其中 80% 和 125% 加载时为静载试验，100% 和 110% 加载时为动载试验。

4 索鞍吊装时应垂直起吊，吊装过程中构件下方不得站人或有人员过往。

5 索鞍吊装施工尚应按本规范第 5.6 节、第 5.7 节的有关规定执行。

8.14.6 猫道施工设计应符合下列规定：

1 猫道应根据悬索桥的跨径、主缆线形、施工环境条件等因素进行专门设计，其结构形式和各部尺寸应满足主缆工程施工的需要。

2 猫道的线形宜与主缆空载时的线形平行。猫道面层宜由阻风面积小的两层大、小方格钢丝网组成，面层顶部与主缆下沿的净距宜为 1.3~1.5m；猫道的净宽宜为 3~4m，扶手高宜为 1.2~1.5m。猫道在桥纵向应左右对称于主缆中心线布置，猫道间宜设置横向人行通道。

3 猫道的强度、刚度和抗风稳定性应符合要求；猫道承重索计算时，其荷载组合与安全系数应符合表 8.14.6 的规定。

表 8.14.6 施工猫道承重索强度计算荷载组合及安全系数取值表

荷载组合		安全系数	备 注
静力结构强度验算	恒载	≥3.5	
	恒载+活载	≥3.0	
	恒载+活载+温度荷载	≥3.0	温度荷载按温降15℃考虑
风荷载组合结构强度验算	恒载+活载+施工阶段风荷载组合	≥3.0	按6级风力考虑
	恒载+最大阵风荷载组合	≥2.5	

4 承重索的锚固系统每端宜设大于 2m 的调整长度。

5 猫道锚固系统及其他各种预埋件应满足设计受力要求，拉杆应按照设计要求调整，拉杆加工制作单位应按规定具备相关资质，拉杆制作完成后应做探伤和抗拉试验。

8.14.7 先导索施工应符合下列规定：

1 先导索施工前应对施工方案进行专项论证，并应加强先导索跨越区域的监控。

2 采用火箭牵引先导索施工,应由专业机构操作,并按规定经相关部门批准。火箭发射及着陆区域应设置安全警戒区。

3 采用拖轮牵引先导索施工,拖力应满足牵引技术要求,并应经海事、航道管理部门批准,施工期间应封航。

4 采用直升机、无人机牵引先导索施工,直升机、无人机性能应满足牵引技术要求,并应按规定经有关部门批准。

5 恶劣天气不得进行先导索牵引作业。

8.14.8 猫道架设应符合下列规定:

1 猫道架设应遵循横桥向对称、顺桥向边跨和中跨平衡的原则,裸塔塔顶的变位及扭转应控制在设计允许范围内。

2 承重索及其他钢丝绳投入使用前应严格验收,严禁使用断丝、变形、锈蚀等超出相应规定的钢丝绳,施工过程中应注意检查和防护。

3 承重索和抗风缆采用钢丝绳时,架设前应通过预张拉消除钢丝绳非弹性变形,预张拉荷载不得小于其破断拉力的0.5倍。

4 横桥向架设承重索,两侧应同步架设,数量差不宜超过1根;顺桥向架设承重索,边跨与中跨应连续架设,且中跨的承重索宜采用托架法架设。

5 面层及横向通道铺设,宜从索塔塔顶开始,同时向跨中和锚碇方向对称、平衡架设安装,并应设置牵引及反拉系统,控制面层铺设下滑速度。

6 猫道面层应每隔0.5m绑扎一根防滑木条,每3m交替设置面层小横梁和大横梁,并应与猫道牢固连接。

7 猫道外侧应设置扶手绳及钢丝密目网。

8 猫道单根承重索宜采用整根钢丝绳,接长的连接方式应安全、可靠,应进行工艺评定,并应进行静载试验,连接部位实际抗拉力应大于钢丝绳最小破断力。

8.14.9 猫道拆除应符合下列规定:

1 猫道拆除前应制订专项施工方案,对承重索、扶手绳、横向通道等构件应进行受力计算,拆除使用的各种机具应满足受力要求。

2 猫道拆除前应收紧承重索。

3 猫道面层和底梁宜按中跨从塔顶向跨中方向、边跨从塔顶向锚碇方向的顺序分段拆除。

4 猫道下放前,下放的垂直方向不得有障碍物。

5 猫道拆除前,影响拆除作业区域的翼缘板不得施工。

8.14.10 主缆施工应符合下列规定:

1 索股放索速度不得超过方案规定值,索股牵引过程中应有专人跟踪牵引锚头,且宜在沿线设观测点监测索股的运行状况。

2 索股整形入鞍时，握索器与索股应连接可靠，索股应保持在限位轮中，操作人员不得处于索股下方。

3 索股锚头入锚后应临时锚固，索鞍位置处调整好的索股应临时压紧固定，不得在鞍槽内滑移。

8.14.11 索夹与吊索施工应符合下列规定：

1 在满足施工需要的前提下，应减小猫道面层开孔面积，并应在开孔位置四周绑扎防滑木条，设立警示标志。

2 索夹在主缆上定位后，应紧固螺栓。紧固同一索夹的螺栓时，各螺栓受力应均匀。

3 采用缆索吊安装索夹及吊索时，应符合本规范第5.6节、第5.7节中的有关规定。

4 吊运物体时，作业人员不得沿主缆顶面行走。

5 猫道上摆放索夹的位置处应铺设木板。

6 缆索吊吊装索夹、吊索时，运行速度应平稳，作业人员应在吊运构件到位稳定后作业。

7 制动不良不得吊运作业。

8.14.12 加劲梁施工应符合下列规定：

1 加劲梁安装前应制订专项施工方案，并应对桥位处的自然环境条件进行勘察，掌握当地的有关气象资料。

2 安装加劲梁的吊机、吊索具等应进行专门设计，加劲梁吊装作业前应按各工况进行试吊，试吊荷载为最大梁段重量的1.2倍。

3 钢箱加劲梁接头焊缝的施焊宜从桥面中轴线向两侧对称进行，接头焊缝强度和刚度不符合要求时，不得解除临时刚性连接。

4 钢桁架梁吊装，桥面吊机、铰接设备、吊索牵引机具、片架运输台车、行走轨道铰点过渡梁和移动操作台车等设备应做专项设计、加工及试验。桥面吊机应满足拼装过程中顺桥向坡度变化的要求，底盘应设止滑保险装置。

5 吊装设备应安排专人负责监测，发现吊绳松弛、油泵漏油、吊具偏位等情况应立即停止作业。

6 吊装加劲梁，梁体上不得搭载人员、材料及设备。

7 顶推安装钢箱梁型自锚式悬索桥加劲梁应符合本规范第8.11.3条、第8.11.6条的有关规定，顶推设备的能力不得小于2倍的计算顶推力；拼装平台、临时墩墩顶均应设导向及纠偏装置。

8.15 钢桥

8.15.1 钢桥安装应编制专项施工方案，应附具临时支架、支承、吊机等临时结构和钢桥结构本身在不同受力状态下的强度、刚度及稳定性验算结果。

8.15.2 平板拖车运输钢桥构件应符合下列规定：
1 平板拖车速度宜小于5km/h。
2 牵引车上应悬挂安全标志。超高的部件应有专人照看，并应配备适当工具清除障碍。
3 除驾驶员外，还应指派1名助手，协助瞭望。平板拖车上不得坐人。
4 重车下坡应缓慢行驶，不得紧急制动。驶至转弯或险要地段时，应降低车速，同时注意两侧行人和障碍物。
5 装卸车应选择平坦、坚实的路面为装卸地点。装卸车时，机车、平板车均应驻车制动。

8.15.3 水上运输钢桥构件应符合下列规定：
1 水上运输前，应根据所经水域的水深、流速、风力等情况，制订运输方案，并按规定审批。
2 需临时封闭航道时，应按规定报相关管理部门批准，并办理相关手续。
3 装船前应进行稳性验算。
4 驳船装载的钢桥构件应安放平稳。拖轮牵引驳船行进速度应缓慢，不得急转弯。

8.15.4 轨道平车运输钢桥构件应符合下列规定：
1 轨道路基宽度、平整度、强度应满足施工要求。铺设轨道应平直、圆顺，轨距应在允许误差值之内，轨道半径不得小于25m，纵坡不宜大于2%，纵坡大于2%的区域应采取相应的安全措施。轨道与其他道路交叉时，应按规定铺设交叉道口。
2 轨道平车运输大型构件前，应检查平车的转向托盘或转盘、支撑制动器等。
3 大型构件运输过程中应检查构件的稳定状况及轨道平车运行情况，发现异常应停止作业。
4 下坡时应以溜绳控制速度，并应人工拖拉止轮木块跟随前进。

8.15.5 钢桥安装应设置避雷设施并应符合现行《建筑物防雷设计规范》（GB 50057）的规定。

8.15.6 起重吊装作业应符合本规范第5.6节的有关规定。

8.15.7 水上安装应符合本规范第5.8节的有关规定。

8.15.8 构件组拼和钢桥安装属于高处作业时，应符合本规范第5.7节的有关规定。

8.15.9 钢梁杆件组装，应在平整的作业台上进行，基础承载力应满足要求。

8.15.10 支架上拼装钢梁应符合下列规定：
1 冲钉和粗制螺栓总数不得少于孔眼总数的1/3，其中冲钉不得多于2/3。
2 冲钉和粗制螺栓总数不得少于6个，少于6个时，应将全部孔眼插入冲钉或粗制螺栓。
3 采取悬臂或半悬臂法拼装钢梁时，联结处冲钉数量应按所承受荷载计算决定，且不得少于孔眼总数的一半，其余孔眼宜布置精制螺栓，冲钉和精制螺栓应均匀布置。
4 高强度螺栓栓合梁拼装时，其余孔眼宜布置高强度螺栓。吊装杆件时，应在杆件完全固定后松钩卸载。

8.15.11 装拆脚手架、上紧螺栓、铆合等不得交叉作业。杆件拼装对孔应采用冲钉探孔。

8.15.12 钢梁上的各种电动机械和电缆线、照明线路等，应保持绝缘良好。

8.15.13 拼装杆件时，应安好梯子、溜绳、脚手架。斜杆应安拴保险吊具。杆件起吊时，应先试吊。

8.15.14 架梁用的扳手、小工具、冲钉及螺栓等应存放在工具袋内，不得抛掷。多余的料具应及时清理。

8.15.15 悬臂拼装法施工应符合下列规定：
1 吊机应按设计就位、锚固，并应做动、静荷载试验。
2 构件起吊前，应检查构件，吊环应无损伤，结合面不得有突出外露物，构件上不得有浮置物件。
3 构件应垂直起吊，并应保持平衡稳定，不得碰撞已安装构件和其他作业设施。
4 构件起升后，运送构件的车辆或船舶应迅速撤出。
5 卷扬机电机过热或其他机械设备出现故障时，应暂停吊运作业。

8.15.16 钢桥顶推施工应符合本规范第8.11.6条的有关规定。

8.15.17 钢桥现场检验检测涉及高处作业时应符合本规范第5.7节的有关规定。

8.15.18 钢桥的X射线探伤作业应符合现行《工业X射线探伤放射卫生防护标准》（GBZ 117）的规定。

8.16 桥面及附属工程

8.16.1 桥面系施工前，上下行桥之间空隙处应满布安全网。

8.16.2 反开槽安装的伸缩装置槽口应临时铺设钢板或砂袋，并应在开槽处设置警示标志。

8.16.3 桥面清扫垃圾、冲洗弃渣等应集中收集后运往指定地点，不得直接抛往桥下。

8.16.4 混凝土防撞护栏的施工应符合下列规定：
1 装配式梁式桥防撞护栏施工前，边梁应与中梁连接牢固。
2 单柱墩桥梁防撞护栏应两侧对称施工。

8.17 涵洞与通道

8.17.1 顶进法施工涵洞或通道桥涵应编制专项施工方案。

8.17.2 涵洞基坑和顶进工作坑开挖应符合本规范第8.8节的有关规定。

8.17.3 现场浇筑涵洞或通道桥涵时，支架、模板应安装牢固，应符合本规范第5.2节的有关规定。

8.17.4 顶进前应编制公路中断和抢修预案，并应配备抢修人员和物资。

8.17.5 雨季不宜顶进作业，无法避开时，应采取防洪、排水措施。

8.17.6 顶进作业时，地下水位应降至涵洞或通道桥涵基础底面1m以下，且降水作业应控制土体沉降。

8.17.7 顶进前，应注浆加固易坍塌土体，并应通过现场试验确定注浆参数，注浆时土体不得隆起。

8.17.8 传力柱支承面应密贴，方向应与顶力轴线一致。宜4~8m加一道横梁，应采用填土压重等防止传力柱崩出伤人的措施，传力柱上方不得站人。顶进时应安排专人密切观察传力柱的变化，有拱起、弯曲等变形时，应立即停止顶进，进行调整。

8.17.9 顶入路基后,宜连续顶进。

8.17.10 顶进挖土时,应派专人监护。发现异常情况时,作业人员及机械应立即撤离危险区域,并应视情况采取交通安全保障措施。

8.17.11 顶进挖土作业应坚持"勤挖快顶"的原则。不得掏洞取土、逆坡挖土。顶进暂停期内不得挖土。

8.17.12 挖土机械不得碰撞加固设施和桥涵主体结构。人工清理开挖工作面时,挖土机械应退出开挖面。

8.17.13 支点桩不得爆破拆除。

9 隧道工程

9.1 一般规定

9.1.1 隧道施工前应开展安全风险评估，辨识施工过程中的主要危险源及危害因素，制定安全防护措施，并应根据工程建设条件、技术复杂程度、地质与环境条件、施工管理模式，以及工程建设经验对隧道工程实施动态风险控制和跟踪处理。

9.1.2 隧道施工应按设计文件规定的施工方法制订施工方案，地质条件发生变化时，应及时进行设计变更。

9.1.3 压力容器操作人员应按照有关规定经专业机构培训，并应取得相应的从业资格。

9.1.4 施工现场布设应符合下列规定：

1 临时设施的设置除应符合本规范第 4.1 节的有关规定外，尚应避开高边坡、陡峭山体下方、深沟、河流、池塘边缘等区域。

2 弃渣场地应设置在不易溃塌、不产生滑坡的安全地段，不得堵塞河流、泄洪通道。

3 隧道内供风、供水、供气管线与供电线路应分别架设，照明和动力线路应分层架设。

4 供电线路架设应遵循"高压在上、低压在下，干线在上、支线在下，动力线在上、照明线在下"的原则。110V 以下线路距地面不得小于 2m，380V 线路距地面不得小于 2.5m，6～10kV 线路距地面不得小于 3.5m。

9.1.5 隧道洞口管理应符合下列规定：

1 隧道洞口应设专人负责进出人员登记及材料、设备与爆破器材进出隧道记录和安全监控等工作。

2 隧道施工应建立洞内外通信联络系统。

3 长、特长及高风险隧道施工应设置稳定可靠的视频监控系统、门禁系统和人员识别定位系统。

9.1.6 隧道洞口与桥梁、路基等同一个工点有多个单位同时施工或洞内不同专业交叉作业时，应共同制定现场安全措施。

9.1.7 隧道内施工不得使用以汽油为动力的机械设备。

9.1.8 通风机、抽水机等隧道安全设备应配备备用设备。

9.1.9 隧道内作业台车、台架应满足施工安全要求，高处作业安全防护设施应符合本规范第5.7节的有关规定。

9.1.10 隧道洞口、开关箱、配电箱、台车、台架、仰拱开挖等危险区域应设置明显的警示标志。洞内施工设备均应设反光标识。

9.1.11 隧道内应按要求配备消防器材。

9.1.12 应根据危险源辨识情况编制隧道坍塌、突水突泥、触电、火灾、爆炸、窒息、有害气体等应急预案并应配备相应的应急资源。

9.1.13 高压富水隧道钻孔作业应采取防突水、突泥冲出的反推或拴锚等措施。

9.1.14 不良地质隧道地段应遵循"早预报、预加固、弱爆破、短进尺、强支护、早封闭、勤量测、快衬砌"的原则施工。

9.1.15 超前地质预报和监测方案应作为必要工序统一纳入施工组织管理。

9.1.16 施工隧道内不得明火取暖。

9.1.17 隧道内严禁存放汽油、柴油、煤油、变压器油、雷管、炸药等易燃易爆物品。

9.2 洞口与明洞

9.2.1 洞口施工前，应先清理洞口上方及侧方可能滑塌的表土、灌木及山坡危石等。

9.2.2 洞口的截、排水系统应在进洞前完成，并应与路基排水顺接，不得冲刷路基坡面、桥台锥体、农田屋舍，土质截水沟、排水沟应随挖随砌。

9.2.3 石质边、仰坡应采用预留光爆层法或预裂爆破法，不得采用深眼大爆破或集中药包爆破开挖。

9.2.4 洞口边、仰坡坡面防护应符合要求，洞口施工应监测边、仰坡变形。

9.2.5 洞口开挖应先支护后开挖、自上而下分层开挖、分层支护。不得掏底开挖或上下重叠开挖。陡峭、高边坡的洞口应根据设计和现场需要设安全棚、防护栏杆或安全网，危险段应采取加固措施。洞口工程应及早完成。

9.2.6 洞口附近存在建（构）筑物且使用爆破掘进的，应采用控制爆破技术，并应监测振动波速及建（构）筑物的沉降和位移。

9.2.7 洞口施工应采取措施保护周围建（构）筑物、既有线、洞口附近交通道路。

9.2.8 洞口开挖宜避开雨季、融雪期及严寒季节。

9.2.9 明洞施工应符合下列规定：
1 明洞开挖前，洞顶及四周应设防水、排水设施。
2 明洞应自上而下开挖。石质地段开挖应控制爆破炸药用量，开挖后应立即施作边坡防护。
3 开挖松软地层边、仰坡应随挖随支护。
4 衬砌强度未达到设计的70%、防水层未完成时，不得回填。
5 明洞槽不宜在雨天开挖。

9.3 开挖

9.3.1 长度小于300m的隧道，起爆站应设在洞口侧面50m以外；其余隧道洞内起爆站距爆破位置不得小于300m。

9.3.2 装药、起爆、通风、盲残炮处置等应符合现行《爆破安全规程》（GB 6722）的有关规定。

9.3.3 爆破后应按先机械后人工的顺序找顶，并应安全确认。

9.3.4 机械开挖应根据断面和作业环境选择机型、划定安全作业区域，并应设置警示标志。

9.3.5 人工开挖应设专人指挥，作业人员应保持安全操作距离。

9.3.6 两座平行隧道开挖，同向开挖工作面纵向距离应根据两隧道间距、围岩情况确定，且不宜小于 2 倍洞径。

9.3.7 隧道双向开挖面间相距 15～30m 时，应改为单向开挖。停挖端的作业人员和机具应撤离。土质或软弱围岩隧道应加大预留贯通的安全距离。

9.3.8 涌水段开挖宜采用超前钻孔探水查清含水层厚度、岩性、水量与水压。

9.3.9 全断面法施工应符合下列要求：
1 应控制一次同时起爆的炸药量。
2 地质条件较差地段应对围岩进行超前支护或预加固。

9.3.10 台阶法和环形开挖预留核心土法施工，除应符合现行《公路隧道施工技术规范》（JTG F60）的有关规定外，尚应符合下列规定：
1 围岩较差、开挖工作面不稳定时，应采用短进尺、上下台阶错开开挖或预留核心土措施，宜采用喷射混凝土、注浆等措施加固开挖工作面。
2 应根据围岩条件和初期支护钢架间距确定台阶上部开挖循环进尺，上台阶每循环开挖支护进尺 Ⅴ、Ⅵ 级围岩不应大于 1 榀钢架间距，Ⅳ 级围岩不得大于 2 榀钢架间距。
3 围岩较差、变形较大的隧道，上部断面开挖后应立即采取控制围岩及初期支护变形量的措施。
4 台阶下部断面一次开挖长度应与上部断面相同，且不得超过 1.5m。
5 台阶下部开挖后应及时喷射混凝土封闭。

9.3.11 中隔壁法施工应符合现行《公路隧道施工技术规范》（JTG F60）的有关规定，且同侧上、下层开挖工作面应保持 3～5m 距离。

9.3.12 双侧壁导坑法施工应符合下列规定：
1 及时施工初期支护并尽早封闭成环。
2 侧壁导坑形状应近似于椭圆形断面。
3 导坑跨度宜为隧道跨度的 1/3。
4 左右导坑前后距离不宜小于 15m。
5 导坑与中间土体同时施工时，导坑应超前 30～50m。

9.3.13 仰拱开挖施工应符合下列规定：
1 Ⅳ 级及以上围岩仰拱每循环开挖长度不得大于 3m，不得分幅施作。
2 仰拱与掌子面的距离，Ⅲ 级围岩不得超过 90m，Ⅳ 级围岩不得超过 50m，Ⅴ 级及以上围岩不得超过 40m。
3 底板欠挖硬岩应采用人工钻眼松动、弱爆破方式开挖。
4 开挖后应立即施作初期支护。
5 栈桥等架空设施强度、刚度和稳定性应满足施工要求；栈桥基础应稳固；桥面应做防侧滑处理；两侧应设限速警示标志，车辆通过速度不得超过 5km/h。

9.4 装渣与运输

9.4.1 装渣与运输应符合现行《公路隧道施工技术规范》（JTG F60）的有关规定。

9.4.2 运渣车辆应状态完好、制动有效，不得载人，不得超载、超宽、超高运输。

9.4.3 装渣、卸渣及运输作业场地的照明应满足作业人员安全的需要，隧道内停电或无照明时，不得作业。

9.4.4 长、特长隧道施工有轨运输应配备载人列车，并设专人操作。

9.4.5 无轨运输应设置会车场所、转向场所及行人的安全通路。

9.5 支护

9.5.1 围岩自稳程度差的地段应先进行超前支护、预加固处理，并应符合设计要求。

9.5.2 应随时观察支护各部位，支护变形或损坏时，作业人员应及时撤离现场。

9.5.3 喷射混凝土、锚杆、钢筋网、超前小导管、管棚支护施工应符合现行《公路隧道施工技术规范》（JTG F60）的有关规定。焊接作业区域内不得有易燃易爆物品，下方不得有人员站立或通行。

9.5.4 钢架施工除应符合现行《公路隧道施工技术规范》（JTG F60）的有关规定外，尚应符合下列规定：
1 钢架底脚基础应坚实、牢固。
2 相邻的钢架应连接成整体。
3 已安装的钢架发生扭曲变形时，应及时逐榀更换，不得同时更换相邻的钢架。
4 下部开挖后，钢架应及时接长、落底，钢架底脚不得左右同时开挖。
5 拱脚开挖后应立即安装拱架、施作锁脚锚杆，锁脚锚杆数量、长度、角度应符合设计要求。

6 拱脚不得脱空，不得有积水浸泡。
7 临时钢架支护应在隧道钢架支撑封闭成环并满足设计要求后拆除。

9.6 衬砌

9.6.1 软弱围岩及不良地质隧道的二次衬砌应及时施作，二次衬砌距掌子面的距离Ⅳ级围岩不得大于90m，Ⅴ级及以上围岩不得大于70m。

9.6.2 隧道内不得加工钢筋。

9.6.3 衬砌钢筋安装应设临时支撑，临时支撑应牢固可靠并有醒目的安全警示标志。

9.6.4 钢筋焊接作业在防水板一侧应设阻燃挡板。

9.6.5 衬砌台车应经专项设计，衬砌台车、台架组装调试完成应组织验收，并应试行走，日常使用应按规定维护保养。

9.6.6 拱架、墙架和模板拆除应符合现行《公路隧道施工技术规范》（JTG F60）的有关规定。

9.6.7 仰拱应分段一次整幅浇筑，并应根据围岩情况严格限制分段长度。

9.7 辅助坑道

9.7.1 横洞、平行导坑施工应符合现行《公路隧道施工技术规范》（JTG F60）的有关规定。平行导坑宜采用单车道断面，间隔200m左右应设置一处错车道。错车道的有效长度宜为1.5倍施工车辆的长度。

9.7.2 开挖前应妥善规划并完成斜井、竖井井口周边的截水、排水系统和防冲刷设施、斜井洞门、竖井锁口圈应及早施作。

9.7.3 开挖前应检查斜井、竖井与正洞连接处的围岩稳定情况，应根据检查结果确定并实施超前预加固措施。开挖后，应及时支护和监控量测。

9.7.4 斜井施工应符合下列规定：
1 无轨运输斜井内运输道路应硬化，并应采取防滑措施；长隧道斜井无轨运输道路综合纵坡不得大于10%；单车道的斜井，每隔一定距离应设置错车道，其长度应满足安全行车要求。

2 无轨运输进洞载物车辆车速不得大于8km/h,空车车速不得大于15km/h;出洞爬坡车速不得大于20km/h。

3 有轨运输井口应设置挡车器,并设专人管理;在挡车器下方5~10m及接近井底前10m处应各设一道防溜车装置;长大斜井每隔100m应分别设置防溜车装置,井底与通道连接处应设置安全索;车辆行驶时,井内严禁人员通行与作业。

4 有轨运输井身每30~50m应设置躲避洞,井底停车场应设避车洞,井底附近的固定设备应置于专用洞室。

5 斜井口、井下及提升绞车应有联络信号装置。每次提升、下放与停留应有明确的信号规定。

6 斜井中牵引运输速度不得大于5m/s,接近洞口与井底时不得大于2m/s,升降加速度不得大于$0.5m/s^2$。

7 斜井提升设备应按规定装设符合要求的防止过卷装置、防止过速装置、限速器、深度指示器、警铃、常用闸和保险闸等保险装置。

8 斜井提升、连接装置和钢丝绳应符合安全使用的要求,并应定期检查。

9 人员不得乘斗车上下;当斜井垂直深度超过50m时,应有运送人员的专用设施。

10 运送人员的车辆应设顶盖,并装有可靠的防坠器;车辆中应装有向卷扬机司机发送紧急信号的装置。

9.7.5 竖井施工应符合现行《公路隧道施工技术规范》(JTG F60)的有关规定,提升机、罐笼、绞车应符合现行《矿井提升机和矿用提升绞车安全要求》(GB 20181)和《罐笼安全技术要求》(GB 16542)的有关规定,尚应符合下列规定:

1 井口应配置井盖,除升降人员和物料进出外,井盖不得打开。井口应设防雨设施,通向井口的轨道应设挡车器。井口周围应设防护栏杆和安全门,防护栏杆的高度不得小于1.2m。

2 竖井井架应安装避雷装置。

3 竖井吊桶、罐笼升降作业应制订操作规程,并严格执行。

4 每次爆破后,应有专人清除危石和掉落在井圈上的石渣,并检查初期支护和临时支撑,清理完后方可正常工作。当工作面附近或未衬砌地段发现落石、支撑发响、大量涌水时,作业人员应立即撤出井外,并报告处理。

9.8 防水和排水

9.8.1 隧道防水板施工作业台架应设置消防器材及防火安全警示标志,并应设专人负责。照明灯具与防水板间距离不得小于0.5m,不得烘烤防水板。

9.8.2 隧道排水作业应符合下列规定:

1 隧道内反坡排水方案应根据距离、坡度、水量和设备情况确定。抽水机排水能力应大于排水量的 20%，并应有备用台数。
2 隧道内顺坡排水沟断面应满足隧道排水需要。
3 膨胀岩、土质地层、围岩松软地段应铺砌水沟或用管槽排水。
4 遇渗漏水面积或水量突然增加，应立即停止施工，人员撤至安全地点。

9.8.3 斜井及竖井排水应符合下列规定：
1 斜井应边掘进边排水；涌水量较大地段应分段截排水。
2 竖井、斜井的井底应设置排水泵站；排水泵站应设在铺设排水管的井身附近，并应与主变电所毗邻；泵站应留有增加水泵的余地。
3 水箱、集水坑处应挂设警示牌标识，并对设备进行挡护。

9.9 通风、防尘及防有害气体

9.9.1 施工通风应符合下列规定：
1 隧道施工独头掘进长度超过 150m 时应采用机械通风；通风方式应根据隧道长度、断面大小、施工方法、设备条件等确定，主风流的风量不能满足隧道掘进要求时，应设置局部通风系统。
2 隧道施工通风应纳入工序管理，由专人负责。
3 隧道施工通风应能提供洞内各项作业所需要的最小风量，风速不得大于 6m/s；每人供应新鲜空气不得小于 3m³/min，内燃机械作业供风量不宜小于 4.5m³/（min·kW）；全断面开挖时风速不得小于 0.15m/s，导洞内不得小于 0.25m/s。
4 长及特长隧道施工应配备备用通风机和备用电源。
5 通风机应装有保险装置，发生故障时应自动停机。
6 通风管沿线应每 50~100m 设立警示标志或色灯。
7 通风管安装作业台架应稳定牢固，并应经验收合格。
8 主风机间歇时，受影响的工作面应停止工作。

9.9.2 防尘、防有害气体应符合下列规定：
1 作业过程中，空气中的氧气含量不得低于19.5%；不得用纯氧通风换气。
2 空气中的一氧化碳（CO）、二氧化碳（CO_2）、氮氧化物（NO_x）等有害气体浓度不得超过表 9.9.2-1 中的容许值。

表 9.9.2-1 工作场所空气中有毒物质容许浓度（mg/m³）

中文名（CAS No.）	MAC	TWA	STEL
二氧化氮（NO_2）	—	5	10
二氧化硫（SO_2）	—	5	10

续表 9.9.2-1

中文名(CAS No.)		MAC	TWA	STEL
二氧化碳(CO_2)		—	9 000	18 000
一氧化氮(NO)		—	15	30
一氧化碳(CO)	非高原	—	20	30
	海拔为2 000~3 000m	20	—	—
	海拔大于3 000m	15	—	—

注：TWA-时间加权平均容许浓度(8h)；MAC-最高容许浓度，指在一个工作日内任何时间都不应超过的浓度；STEL-短时间接触容许浓度(15min)。

3 空气中粉尘浓度应符合表 9.9.2-2 的规定。

表 9.9.2-2 工作场所空气中粉尘容许浓度(mg/m^3)

中文名(CAS No.)		TWA	STEL
白云石粉尘	总尘	8	10
	呼尘	4	8
沉淀SiO_2(白炭黑)	总尘	5	10
大理石粉尘	总尘	8	10
	呼尘	4	8
电焊烟尘	总尘	4	6
沸石粉尘	总尘	5	10
硅灰石粉尘	总尘	5	10
硅藻土粉尘游离SiO_2含量小于10%	总尘	6	10
滑石粉尘(游离SiO_2含量小于10%)	总尘	3	4
	呼尘	1	2
煤尘(游离SiO_2含量小于10%)	总尘	4	6
	呼尘	2.5	3.5
膨润土粉尘	总尘	6	10
石膏粉尘	总尘	8	10
	呼尘	4	8
石灰石粉尘	总尘	8	10
	呼尘	4	8
石墨粉尘	总尘	4	6
	呼尘	2	3
水泥粉尘(游离SiO_2含量小于10%)	总尘	4	6
	呼尘	1.5	2
炭黑粉尘	总尘	4	8

续表 9.9.2-2

中文名（CAS No.）			TWA	STEL
矽尘	含 10%～50% 游离 SiO_2 的粉尘	总尘	1	2
	含 10%～80% 游离 SiO_2 的粉尘		0.7	1.5
	含 80% 以上游离 SiO_2 的粉尘		0.5	1
	含 10%～50% 游离 SiO_2	呼尘	0.7	1
	含 50%～80% 游离 SiO_2		0.3	0.5
	含 80% 以上游离 SiO_2		0.2	0.3
稀土粉尘（游离 SiO_2 含量小于 10%）		总尘	2.5	5
萤石混合性粉尘		总尘	1	2
云母粉尘		总尘	2	4
		呼尘	1.5	3
珍珠岩粉尘		总尘	8	10
		呼尘	4	8
蛭石粉尘		总尘	3	5
重晶石粉尘		总尘	5	10
其他粉尘		总尘	8	10

注：1. TWA-时间加权平均容许浓度（8h）；STEL-短时间接触容许浓度（15min）。
2. "其他粉尘"指不含有石棉且游离 SiO_2 含量低于 10%，不含有毒物质，尚未制定专项卫生标准的粉尘。
3. "总尘"指直径为 40mm 的滤膜，按标准粉尘测定方法采样所得的粉尘。
4. "呼尘"即呼吸性粉尘，指按呼吸性粉尘采样方法所采集的可进入肺泡的粉尘粒子，其空气动力学直径均在 7.07μm 以下，空气动力学直径 5μm 粉尘粒子的采样效率为 50%。

4 隧道施工应采取综合防尘措施，并应配备专用检测设备及仪器。隧道内存在矽尘的作业场作，每月应至少取样分析空气成分一次、测定粉尘浓度一次。

5 隧道作业人员应配备防尘口罩、耳塞等个人劳动保护用品，并应定期体检。

9.10 风、水、电供应

9.10.1 施工供风应符合下列规定：

1 空气压缩机站应设有防水、降温和防雷击设施。

2 供风管的材质及耐风压等级应满足相应要求，供风管不得有裂纹、创伤和凹陷，管内不得留有残余物和其他脏物。

3 供风管应铺设平顺、接头严密，软管与钢风管的连接应牢固，风管应在空压机停机或关闭闸阀后拆卸。

4 不得在空压机风管进出口和软管旁停留人员或放置物品。

9.10.2 施工供水的蓄水池应设防渗漏措施和安全防护设施，且不得设于隧道正上方。

9.10.3 施工供电与照明必须符合下列规定：

1 非瓦斯隧道施工供电应符合本规范第4.4节规定。

2 瓦斯隧道供电照明应符合现行《煤矿安全规程》的有关规定。

3 隧道外变电站应设置防雷击和防风装置。

4 隧道内设置6～10kV变电站时，变压器与周围及上下洞壁的最小距离不得小于0.3m，变电站周围应设防护栏杆及警示灯。

5 成洞地段固定的电线路应采用绝缘良好的胶皮线架设，施工地段的临时电线路应采用橡套电缆。竖井、斜井地段应采用铠装电缆，瓦斯地段输电线应使用密封电缆。

6 涌水隧道电动排水设备、瓦斯隧道通风设备以及斜井、竖井内电气装置应采用双回路输电，并应设可靠的切换装置和防爆措施。

7 动力干线上的每一分支线，必须装设开关及保险装置。严禁在动力线路上加挂照明设施。

8 隧道施工用电必须按设计要求设置双电源或自备电源。自备发电机组与外电线路必须电源联锁，严禁并列运行。

9 隧道内照明灯光应保证亮度充足、均匀及不闪烁，采用普通灯光照明时，其照度应符合现行《公路隧道施工技术细则》（JTG/T F60）的有关规定。

10 作业地段照明电压不宜大于36V，成洞段和不作业地段宜采用220V，照明灯具宜采用冷光源。

11 漏水地段应采用防水灯具，瓦斯地段应采用防爆灯具。

12 隧道内用电线路和照明设备应设专人负责检查和维护，检修电路与照明设备应切断电源。

9.11 不良地质和特殊岩土地段

9.11.1 富水软弱破碎围岩隧道施工应符合下列规定：

1 施工过程应加强对隧道围岩和支护结构变形、地下水变化的监测，并应依据监测结论动态调整设计和施工参数。

2 应严格控制开挖循环进尺，初期支护应及时施作。

3 应遵循"防、排、堵、截"相结合的原则治水。

4 施工中出现浑水、突水突泥、顶钻、高压喷水、出水量突然增大、坍塌等突发性异常情况应立即停止施工、分析异常原因，并应妥善处理。

9.11.2 岩溶地质隧道施工应符合下列规定：

1 应先开展地质调查，并根据综合地质预报对溶洞里程、影响范围、规模、类型、发育程度和填充物、储水及补给情况、岩层稳定程度以及与隧道的相对位置等做出预测分析，制定防范措施。

2 应遵循"因地制宜、综合治理"的原则施工。
3 隧道溶洞与地表水存在水力联系时,宜在旱季进行溶洞处理和隧道施工。
4 岩溶段爆破开挖应严格控制单段起爆药量和总装药量,控制爆破震动。
5 应备用足够数量的排水设备。

9.11.3 含水沙层和风积沙隧道施工应符合下列规定:
1 含水沙地段开挖应遵循"先治水、后开挖"的原则,风积沙地段开挖应遵循"先加固、后开挖"的原则;循环进尺应严格控制,并应加强监控量测。
2 开挖完成后应及时支护、尽早衬砌、封闭成环。施工过程中应遇缝必堵,严防沙粒从支护缝隙中漏出。

9.11.4 黄土隧道施工应符合下列规定:
1 施工前应验证黄土的年代、成因、含水率、强度、压缩性、孔隙率、抗水性等情况,掌握详细的地质信息。
2 进洞前,洞口的防排水系统应施作完毕。应采取回填夯实、填土反压、改变地表水径流等方法处理地表和浅埋段的冲沟、陷穴、裂缝。
3 宜在旱季开挖洞口,雨季施工应采取控制措施。
4 含水率较大的地层应及时排水,不得浸泡墙脚、拱脚。
5 施工中应密切观察垂直节理。
6 施工中应密切监测拱脚下沉情况。

9.11.5 膨胀岩土地质隧道施工应符合下列规定:
1 施工前应查明膨胀岩土岩性、规模、各向异性程度、吸水性、围岩强度比、水文地质、膨胀机理等情况,选择合适的施工方法和预控措施。
2 除常规监测项目外,尚应加强监测围岩净空位移、围岩压力,并应根据监测结果及时调整预留变形量和支护参数。
3 应控制开挖循环进尺,逐次开挖断面各分部,分部开挖不得超前独进。
4 隧道开挖断面轮廓应圆顺。
5 隧道开挖后应尽快初喷混凝土封闭岩面,并应控制施工用水,加强施工用水管理,岩面不得受水浸泡。

9.11.6 岩爆地质隧道施工应符合下列规定:
1 施工中应加强围岩特性、岩爆强度等级、水文地质情况等的预报、预测和分析。
2 宜在围岩内部应力释放后采用短进尺开挖,每循环进尺宜为1.0~2.0m,光面爆破的开挖面周壁宜圆顺。
3 拱部及边墙应布设预防岩爆锚杆,施工机械重要部位应加装防护钢板。
4 每循环内对暴露的岩面应加大监测及找顶频次。

5 施工过程中应密切观察岩面剥落、监听岩体内部声响情况，出现岩爆迹象，作业人员应及时撤离。

9.11.7 软岩大变形地质隧道施工应符合下列规定：

1 施工过程中应加强围岩岩性、地应力、水文地质、地质构造、变形机理分析，确定可能产生的变形程度与危害。

2 施工过程中应监测拱顶下沉、周边位移、底鼓、围岩内部位移、支护结构变形等情况，并应依据监测结果及时调整支护参数和预留变形量。发现变形异常应及时处理。

3 应严格控制循环进尺，仰拱、二衬应及时施作、封闭成环。

9.11.8 含瓦斯隧道施工应符合下列规定：

1 施工前应编制专项施工方案、超前地质预报方案、通风设计方案、瓦斯监测方案、应急预案、作业要点手册等。

2 应建立专门机构，并设专人做好瓦斯检测、记录和报告工作，瓦斯监测员应按照相关规定经专业机构培训，并应取得相应的从业资格。

3 各作业面应配备瓦检仪，高瓦斯工点和瓦斯突出地段应配置高浓度瓦检仪和自动检测报警断电装置，瓦斯隧道人员聚集处应设置瓦斯自动报警仪。

4 瓦斯检测应至少选择瓦斯压力法、综合指标法、钻屑指标法、钻孔瓦斯涌出初速度法、"R值指标法"中的两种方法，并应相互验证。

5 瓦斯含量低于0.5%时，应每0.5~1h检测一次；瓦斯含量高于0.5%时，应随时检测，发现问题立刻报告。煤与瓦斯突出较大、变化异常时应加大检测频率。

6 进入隧道施工前，应检测开挖面及附近20m范围内、断面变化处、导坑上部、衬砌与未衬砌交界处上部、衬砌台车内部、拱部塌穴等易积聚瓦斯部位、机电设备及开关附近20m范围内、岩石裂隙、溶洞、采空区、通风不良地段等部位的瓦斯浓度。隧道内瓦斯浓度限值及超限处理措施应符合表9.11.8的规定。

表9.11.8 隧道内瓦斯浓度限值及超限处理措施

序号	地 点	限值	超限处理措施
1	低瓦斯工区任意处	0.5%	超限处20m范围内立即停工，查明原因，加强通风、监测
2	局部瓦斯积聚（体积大于0.5m³）	2.0%	附近20m停工，撤人，断电，进行处理，加强通风
3	开挖工作面风流中	1.0%	停止电钻钻孔
4	煤层爆破后工作面风流	1.0%	继续通风，人员不得进入
5	局部通风机及电器开关20m范围内	0.5%	停机并不得启动
6	钻孔排放瓦斯时回流中	1.5%	撤人，停电，调整风量
7	竣工后洞内任何处	0.5%	查明渗漏点，向设计方反映，增加运营通风设备

7 通风设施应保持良好状态，并应配置一套备用通风装置，各工作面应独立通风。

8 风筒、风道、风门、风墙等设施应保持封闭，施工中应设专人维修和保养，不得频繁开启风门。

9 应配置两套电源供电，并应采用双电源线路，电源线不得分接隧道以外任何负荷。

10 应按规定设置灭火器、消防水池、消防沙等消防设施。

11 应采用湿式钻孔开挖，装药前、放炮前和放炮后，爆破工、班组长和瓦斯检测员应现场检查瓦斯浓度并参加爆破全过程。

12 爆破作业应使用煤矿许用炸药和煤矿许用瞬发电雷管或煤矿许用毫秒延期电雷管，并应使用防爆型发爆器起爆。

13 爆破母线应成短路状态，并包覆绝缘层。

14 炮孔应使用炮泥填堵，填料应采用黏土或不燃性材料。

15 起爆网络应由工作面向起爆站依次连接。

16 揭煤地段施工宜采用微振动控制爆破掘进，并应根据煤层产状、厚度范围选定石门揭煤方法，爆破后应及时喷锚支护、封闭瓦斯，仰拱、二衬应及时施工，衬砌背后应及时压浆填充空隙。

17 铲装石渣前应浇湿石渣。

18 开挖完成后应及时喷锚支护、封闭围岩、堵塞岩面缝隙。

9.11.9 瓦斯隧道严禁两个作业面之间串联通风。洞口20m范围内严禁明火。严禁使用黑火药或冻结、半冻结的硝化甘油类炸药，同一工作面不得使用两种不同品种的炸药。

9.11.10 高瓦斯工区和瓦斯突出工区电气设备与作业机械必须使用防爆型。

9.11.11 冻土隧道施工应符合下列规定：

1 洞口段应根据季节温度的变化采取保温措施，换填、保温、防护排水等设施宜在春融前完成，季节性冻土段宜安排在非冻季节施工。施工前应查明冻土类别、含水率及分布规律、结构特征、厚度以及物理力学性质。

2 洞口应设置防寒保温门，洞口边、仰坡应"快开挖、快防护"。

3 开挖爆破后，应及时喷锚支护封闭围岩。

9.12 盾构施工

9.12.1 盾构始发应符合下列规定：

1 盾构始发前应验算盾构反力架及其支撑的刚度和强度，反力架应牢固支撑在始发井结构上。盾构反力架整体倾斜度应与盾构基座的安装坡度一致。

2 应根据工程水文地质条件、盾构机类型、盾构工作井的围护结构形式等因素加固盾构工作井端头地基，承载力应满足始发要求。

3 应拆除刀盘不能直接破除的洞门围护结构。拆除前始发工作井端头地基加固与止水效果应良好。拆除时，应将洞门围护结构分成多个小块，从上往下逐个依次拆除，拆除作业应迅速连续。

4 洞门围护结构拆除后，盾构刀盘应及时靠紧开挖面。

5 盾构始发时应在洞口安装密封装置；盾尾通过洞口后，应尽早稳定洞口。

6 盾构始发时，始发基座应稳定，盾构不得扭转。

7 千斤顶应均匀顶进，反力架受力应均匀。

8 负环脱出盾尾后，应立即对管片环向进行加固。

9.12.2 盾构掘进应符合下列规定：

1 盾构应在始发段 50~100m 进行试掘进，并应根据地质情况、施工监测结果、试掘进经验等因素选用掘进参数。

2 土压平衡盾构掘进，开挖土体应充满土仓，并应核算排土量和开挖量。泥水平衡盾构掘进，泥浆压力与开挖面水土压力、排土量与开挖量应保持平衡。掘进过程中，应采取防止螺旋输送机发生喷涌的措施。

3 盾构机不宜长时间停机。

4 盾构刀具检查和更换地点应选择地质条件好、地层稳定的地段。

5 维修刀盘应对刀盘前方土体采取加固措施或施作竖井。

6 盾构设备应在机器停止操作时维修；液压系统维修前，应关闭相关阀门并降压；电气系统维修前，应关闭系统；空气和供水系统维修时，应关闭相应阀门并降压；刀盘、拼装机等旋转设备部件区域维修前，设备应停止运转。

9.12.3 盾构管片拼装应设专人指挥。管片拼装时，拼装设备与管片连接应稳固，管片拼装和吊运范围内不得有人和障碍物，拼装完的管片应及时固定。

9.12.4 盾构接收应符合下列规定：

1 盾构到达前应拆除洞门围护结构，拆除前，工作井端头地基承载力、止水应满足要求。拆除时应控制凿除深度。洞口应安装止水密封装置。

2 盾构距到达接收工作井 15m 内，应调整掘进速度、开挖压力等参数，减小推力、降低推进速度和刀盘转速，控制出土量并监测土仓内压力。

3 隧道贯通前 10 环管片应设置管片纵向拉紧装置，贯通后应快速顶推并迅速拼装管片。

4 隧道贯通前 10 环管片应加强同步注浆和即时注浆，盾尾通过洞口后应及时密封管片环与洞门间隙。

9.12.5 盾构过站、掉头及解体应符合下列规定：

1 过站、掉头托架或小车的强度、刚度和稳定性应满足盾构过站、掉头及解体的需要。

2 盾构过站、掉头应观察盾构转向或移动状态。应控制好盾构掉头速度，并应随时观察托架或小车变形、焊缝开裂等情况。

3 举升盾构机应同步、平稳。

4 牵引平移盾构应缓慢平稳，钢丝绳应牢固。

5 盾构解体前应关闭各个系统，各个部件应支撑牢固。

9.12.6 盾构洞门、联络通道施工应符合下列规定：

1 洞口负环拆除前应二次注浆。

2 联络通道施工应编制专项施工方案。

3 联络通道施工前应加固开挖范围及上方地层。

4 拆除联络通道交叉口管片前应加固管片壁后土体和联络通道处管片。

5 隧道内施工平台应与机车运输系统保持安全间距。

9.12.7 特殊地质和施工环境条件下的盾构施工应符合下列规定：

1 应制订监控量测方案，并应根据监控量测结果及时调整掘进参数。

2 浅覆土地段应根据地质、水文条件与施工环境采取地基加固、设置抗浮板或加盖板等处理措施。

3 小净距隧道施工前，应加固隧道间土体；先建隧道管片壁后应注浆，隧道内应支设钢支撑；后建隧道施工应控制掘进速度、土仓压力、出渣量、注浆压力等。

4 小半径曲线段隧道施工应制订防止盾构配套台车和编组列车脱轨或倾覆的措施。

5 盾构下穿或近距离通过既有建（构）筑物、地下管线前，应详细调查并评估施工对该地段既有建（构）筑物、地下管线的影响，并应根据实际情况加固受盾构掘进影响的地基或基础、控制掘进参数，且应加强观测既有建（构）筑物的沉降、位移。

6 大坡度地段机车和盾构机后配套台车应设置防溜装置。

9.12.8 盾构施工运输应符合下列规定：

1 皮带输送机机架应坚固、平顺。启动皮带输送机前应发出声光警示，应空载试转，各部位运转应正常，皮带应连接牢固、松弛度适中。应在达到额定转速后均匀装料，并应设专人检查皮带运转情况。

2 轨道应平顺，钢轨与轨枕间应牢固，轨枕和轨距拉杆应符合安装规定，并应设专人养护轨道。

3 机车安全装置应可靠有效，机车行驶速度不得大于10km/h，经过转弯处或接近岔道时不得大于5km/h，靠近工作面100m距离内不得大于3km/h并应打铃警示，车尾接近盾构机台车时不得大于3km/h。

4 机车在启动和行驶过程中应启动警铃、电喇叭等警示装置。开车前应前后检查，各类物件应平稳放置、捆绑牢固,不得超载、超宽和超长运输。

9.13 水下隧道

9.13.1 钻爆法施工的水下隧道应符合下列规定:
1 应加强超前地质预测预报,查明掌子面前方地质情况,并应采取有效防治措施。
2 洞口浅埋段应进行预支护和注浆加固。
3 隧道穿越断层、破碎带、风化深槽等软弱不良地层,应采取超前预加固,并做好支护。
4 围岩薄弱部位、高水压地段施工应采取防突涌、突水措施。注浆孔口应加设防突和止浆球阀装置,现场排水设备应充足。
5 水下隧道应设置分段隔水闸门,应采取分段式集、排水井坑排水。

9.13.2 盾构法施工的水下隧道除应符合本规范第 9.12 节的有关规定外,尚应符合下列规定:
1 水下隧道掘进宜选用泥水平衡盾构掘进机。
2 洞门凿除前应探孔进行水位实时监测,并应做好洞门止水密封。

9.13.3 沉管法施工的水下隧道应符合下列规定:
1 基槽浚挖作业前,应对隧址处海床和航道的演进历史进行充分调查。
2 沉管浮运前,应检验沉管水密性能,掌握施工水域水文、气象信息。
3 沉管起浮后,应核实沉管浮运时的干舷高度,监控管节浮态变化,并应及时处理。
4 管节浮运、沉放时的水文、气象等工况条件应满足施工要求。浮运过程应设警戒船跟随。
5 管节沉放到位后,沉管端头封闭门应按规定程序拆除。
6 管节安装完成后,应按照规定报有关部门,并应在两岸设置禁止抛锚等警示标志。

9.14 特殊地段

9.14.1 浅埋段不宜采用全断面法施工。

9.14.2 浅埋段应加强地表沉降、拱顶下沉的量测;偏压隧道应加强对围岩的监测;地面有建(构)筑物时应采用控制爆破技术,并应监测爆破震动及变形。

9.14.3 浅埋段地表冲沟、陷穴、裂缝等应回填夯实、砂浆抹面,并处理地表水。

9.14.4 偏压隧道施工前,应根据土压情况对偏压段进行平衡、加固处理。

9.14.5 偏压隧道靠山一侧应加强支护，每次开挖进尺不得超过一榀钢架间距，并应及时封闭。

9.14.6 下穿隧道施工前应按照规定办理相关手续，编制保证交通安全和周围结构安全的专项施工方案。

9.14.7 下穿隧道应加强监控量测工作，及时掌握隧道拱顶、净空变化及地表沉降情况。

9.14.8 桩基托换法施工应检测托换桩、托换梁及既有建（构）筑物，并应验算沉降、应力、裂缝、变形和桩顶横向位移。

9.15 小净距及连拱隧道

9.15.1 地质条件不同的两孔隧道，宜先开挖地质条件较差的隧道，后开挖地质条件较好的隧道。

9.15.2 小净距隧道施工应符合下列规定：
1 小净距隧道洞口切坡宜保留两隧道间原土体。
2 两隧道工作面应错开施工，先行洞与后行洞掌子面错开距离应大于 2 倍隧道开挖宽度。应严格控制爆破震动。
3 后行隧道应根据围岩情况先加固中岩墙，极软弱围岩段应加固两隧道相邻侧拱架基础。
4 宜采用光面爆破技术，并应采用低威力、低爆速炸药；爆破时另一洞内作业人员也应撤离。

9.15.3 连拱隧道施工应符合下列规定：
1 应根据中导洞探察的岩层情况确定合理的施工方案，主洞上拱部开挖应在中隔墙混凝土达到设计要求的强度后进行。
2 中导洞不得作为爆破临空面。
3 应在先行洞模筑衬砌混凝土达到设计要求的强度后进行后行洞的开挖和衬砌。
4 主洞开挖时，左、右两洞开挖掌子面错开距离宜大于 30m。
5 应监测连拱隧道中隔墙的位移，并应及时对中隔墙架设水平支撑；后开挖隧道一侧的中隔墙和主洞之间的空隙宜回填密实或支撑稳固。

9.16 附属设施工程

9.16.1 设备洞、横通道及其他洞室施工应符合下列规定：

1 洞室及与正洞连接地段爆破作业前，应根据围岩级别、扩挖断面大小选择合理的开挖爆破参数。
2 安全距离以内的所有人员应撤离至安全区域。
3 洞室的永久性防水、排水工程应与正洞一次同时完成。
4 设备洞及横通道等处的施工宜采用喷锚支护，围岩不稳定时应增设钢架支撑。支护应紧跟开挖。与正洞连接地段，支护应予以加强。

9.16.2 装饰工程施工应符合下列规定：
1 隧道装饰区域应设置作业区警示标志及人员、机械绕行线路标志。
2 各类装修原材料应分类存放并设置警示标志，并应配备防火、防爆消防设备；易燃、易爆等材料应设专人负责管理。

9.16.3 通风机、蓄水池、电力管线及压力管道铺设等其他附属设施施工应符合本规范第4.4节、第4.5节、第5.4节、第5.7节的有关规定。

9.17 超前地质预报和监控量测

9.17.1 超前地质预报和监控量测方案应根据隧道地质条件、支护参数、施工方法以及设计要求编制，主要应包括工程简介、监测目的、监测项目、监测机构、监测方法、监测仪器、测点布置、量测频率、监测管理标准等内容。复杂工程监测方案应经论证。

9.17.2 施工监测信息应及时分析、反馈，变化异常区段应加强监测，并提出相应的对策措施。

9.17.3 监测仪器、元器件及其构成的监测系统应可靠、耐久、稳定，并按要求进行相应的校对、标定和检查。

9.17.4 施工监测应建立数据记录、计算、分析、复核及审核制度，数据应准确、可靠，具有可追溯性。

9.17.5 施工期间隧道所在区域发生地震、滑坡、泥石流等不良地质灾害后，应加强监测，并提出相应对策措施。

9.17.6 超前地质预报作业应符合下列规定：
1 地质预报工作应在隧道找顶作业结束后进行，高地应力区隧道应待工作面支护完成后进行。工作前应观察操作空间上方、周围、开挖工作面附近安全状态。
2 区域地质条件复杂的隧道，应根据区域地质勘测资料，选择以钻探法为主，结合物探法、地质调查法的多种预测预报方法综合分析。

3 应按动态设计原则,并根据地质复杂程度确定预报方案。

4 地质调查法应在隧道开挖排险结束后进行,钻探法、物探法应待工作面支护完成后进行。

5 地质调查应落实安全防护措施、完善防护设施。作业区域照明的光照度应满足数据采集和预报作业人员安全操作的需要。

6 钻探法预报钻孔孔口管应安设牢固,钻机使用的高压风、高压水的各种连接部件应采用符合要求的高压配件,管路连接应安设牢固、经常检查。

7 地震波反射法预报炸药量不得大于75g。

9.17.7 监控量测作业应符合下列规定:

1 应对观测点周围环境状态进行观察判断,随时观察工作环境及周边安全状态。监控量测过程中应保证作业平台稳定牢固、安全防护到位,作业时应照明充足。

2 在富水区隧道安装量测仪器或进行钻孔时,发现岩壁松软、掉块或钻孔中的水压、水量突然增大,以及有顶钻等异常情况时,应停止钻进,并监测水情。当发现情况危急时,应立即撤出所有危险区域的人员,并采取处理措施。

3 隧道附近有重要建(构)筑物、设施设备和其他保护对象时,应对建(构)筑物进行变形和沉降观测;隧道采用爆破施工时,应按现行《爆破安全规程》(GB 6722)进行爆破监测。

9.18 逃生与救援

9.18.1 隧道施工应配备应急救援机械设备、监测仪器、堵漏和清洗消毒材料、交通工具、个体防护设备、医疗设备和药品、生活保障和救援物资等,应进行定期检查、维护和更新。不得挪用救援物资及救援设备。

9.18.2 隧道施工应建立兼职救援队伍。

9.18.3 隧道通风、供水及供电设备应纳入正常工序管理,设专人负责管理。施工过程中应加强通风效果检测,供水供电管道、线路应通畅,同时应设置备用设备和备用电源。

9.18.4 隧道内交通道路及开挖作业等重要场所应设置安全应急照明和应急逃生标志,应急照明应有备用电源并保证光照度符合要求。

9.18.5 软弱围岩隧道开挖掌子面至二次衬砌之间应设置逃生通道,随开挖进尺不断前移,逃生通道距离开挖掌子面不得大于20m。逃生通道的刚度、强度及抗冲击能力应满足安全要求,逃生通道内径不宜小于0.8m。

9.18.6 长、特长及高风险隧道应设报警系统及逃生设备、临时急救器械和应急生活保障品等。

9.18.7 隧道施工期间各施工作业面应安装有应急照明装置的报警系统装置。

10 交通安全设施

10.1 一般规定

10.1.1 不中断交通施工作业应按现行《道路交通标志和标线》(GB 5768)和《公路养护安全作业规程》(JTG H30)设置作业控制区。

10.1.2 在通车道路上施工或夜间作业时,应采取限速、导流及渠化等措施,交通指挥人员和上路作业人员应按规定穿着安全反光标志服或反光背心。

10.1.3 机电工程、收费站、服务区、园林绿化等施工应符合相关行业标准的要求。

10.2 护栏

10.2.1 运货车辆未停稳,不得装、卸货物,立柱堆放应采取防止滚落的措施。

10.2.2 打、压立柱的桩机应安设牢固、平稳。桩机移动时应注意避让地面沟槽、地上架空线路等障碍物。

10.2.3 缆索放线架和线盘应放置稳固,放线架应配有制动设施。

10.2.4 缆索架设作业时,张拉人员应站在张紧器与钢丝绳连接处的侧后方,张拉时紧邻张拉跨中间立柱两侧不得站人。

10.2.5 波形梁板安装后应及时固定。

10.2.6 高边坡、陡崖、沿溪线的现浇混凝土护栏施工,作业人员应采取防坠落的措施。

10.2.7 安装桥梁金属护栏时,作业人员和未完全固定的构件应采取预防坠落的措施。

10.3 交通标志

10.3.1 基坑位于现场通道或居民区附近时，应沿边缘设立防护栏杆或围挡，夜间应加设红色警示灯。

10.3.2 标志安装应符合下列规定：
1 标志支撑结构的安装应在基础混凝土强度达到设计要求后进行。
2 起重作业应符合本规范第5.6节的有关规定。
3 安装门架标志时，作业人员不得站在门架横梁上作业。
4 高处作业宜使用液压升降机和车载式高空平台作业车。

10.4 交通标线

10.4.1 运输、存放标线涂料、溶剂应采取防火措施。

10.4.2 热熔作业时，作业人员应穿着防护服，佩戴护目眼镜、防护手套和防有机气体口罩。

10.4.3 热熔釜熔料时最大投料量不得超过缸体的4/5，热熔釜和漆料保温桶上方不得出现明火。

10.4.4 喷涂水性涂料应采取防涂料飞溅的措施。

10.5 隔离栅和桥梁护网

10.5.1 隔离栅施工应符合下列规定：
1 隔离栅安装作业人员应佩戴防穿刺手套。
2 混凝土立柱和基础预制块件存放高度不得超过1.5m，且应码放整齐，不得滚落卸载。

10.5.2 桥梁护网安装应符合本规范第10.2.7条的有关规定。

10.6 防眩设施

10.6.1 运输、存放塑料防眩板应采取防火措施。

10.6.2 桥梁上下行空隙处安装防眩板应采取防坠落措施。

11 改扩建工程

11.1 改扩建

11.1.1 不中断交通进行公路改扩建工程施工，应符合下列规定：
1 应按照现行《道路交通标志和标线》（GB 5768）、《公路养护安全作业规程》（JTG H30）和交通组织方案设置作业控制区。
2 应定期对交通安全设施进行检查和维护。

11.1.2 施工路段两端及沿线进出口处应设置明显的临时交通安全设施。

11.1.3 爆破作业前应临时中断交通。爆破后应立即清理道路上的土、石，检修公路设施。应确认达到行车条件后开放交通。

11.1.4 边通车边施工路段，通车路段的路面应保持清洁。

11.1.5 半幅施工作业区与车行道之间应设置隔离设施。应设专人和通信设备，指挥交通，疏导车辆。弯道顶点附近不宜堆放物料、机具。

11.1.6 在居民点或公共场所附近开挖沟槽时，应设防护设施，夜间应设置照明灯和警示灯。

11.1.7 作业人员应穿着反光服，佩戴贴有反光带的安全帽。

11.2 拆除

11.2.1 应根据所拆除建（构）筑物的结构特点及施工环境要求确定拆除施工的段落、层次、顺序和方法。拆除施工应从上至下、逐层、分段实施，不得立体交叉作业。

11.2.2 当拆除工程对周围相邻建筑安全可能产生危险时，应采取相应保护措施。

11.2.3 拆除现场应设置围挡、警示标志，非作业人员不得进入拆除现场。

11.2.4 拆除旧桥、旧涵时，在旧桥的两端应设置禁止通行的路障及标志，夜间应悬挂警示灯。

11.2.5 拆除施工中的高处作业应符合本规范第5.7节的有关规定。

11.2.6 拆除施工中的起重作业应符合本规范第5.6节的有关规定。

11.2.7 拆除施工中的爆破作业应符合本规范第5.10节的有关规定。

11.2.8 拆除施工作业人员和机具应处于稳固位置。必须进行临时悬吊作业时，应系好悬吊绳和安全绳。悬吊绳和安全绳应分别锚固，锚固位置应牢固。

11.2.9 拆除梁或悬臂构件应采取防坠落、防坍塌措施。

11.2.10 定向拆除墩、柱时，应采取控制倒塌方向的措施。

11.2.11 拆除的材料应及时清理、分类放置，不得随意抛掷。

11.2.12 隧道拆除二衬前应采取有效预支护措施，控制变形和沉降量。

11.2.13 隧道拆除过程中应对施工段进行监控量测。

11.2.14 隧道拆除作业应以机械作业为主要施工方法，不得扰动、破坏周边围岩和结构。

11.2.15 隧道拆除作业需爆破作业的，应采取有效措施保护既有建（构）筑物。

11.3 加固

11.3.1 采用化学材料施工时，应采取防火措施。

11.3.2 桥梁基础加固应采取防洪、防汛措施。

11.3.3 加固受力状态下的结构构件过程中对原结构有削弱时，应采取限载或支架支撑措施。所搭设的支架应按最不利荷载进行验算。

11.3.4 不中断交通的桥梁加固施工，应符合本规范第 11.1 节的有关规定。

11.3.5 桥梁顶升作业所用千斤顶的规格、型号应一致，顶升速度应一致、随顶随支，并应设置防止梁掉落的支垫保险装置。

11.3.6 采用吊架加固梁体时，吊架应稳固牢靠。高处作业应符合本规范第 5.7 节的有关规定。

11.3.7 局部凿除二衬混凝土进行修补加固作业，应对二衬背后防排水结构进行保护和修复。其修补的混凝土部分应与原结构物有锚固措施。

11.3.8 隧道治理渗漏水应以"疏、堵、截、排，综合治理"为原则，同时应保证二衬混凝土强度和结构的完整性。

11.3.9 隧道加固作业需要背后注浆的，应控制注浆压力和注浆量，不得破坏二衬结构。

11.3.10 隧道二衬表面需要加固补强及安装机械设备的，应满足隧道对净空限界尺寸的要求。

12 特殊季节与特殊环境施工

12.1 一般规定

12.1.1 应根据施工所在地季节性变化规律、施工环境，结合施工特点，制订特殊季节、特殊环境防范措施，编制应急预案，并应储备应急物资、定期演练。

12.1.2 应及时收集当地气象、水文等信息，并根据情况及时采取防范措施。

12.2 冬季施工

12.2.1 冬季来临前，应检修、保养使用的船机、设备、机具及防护、消防、救生设施，并应采取防冻措施。

12.2.2 冬季施工现场的道路、工作平台、斜坡道、脚手板船舶甲板等均应采取防滑措施、及时清除冰雪。冬季施工现场应配备消防设施。

12.2.3 办公、生活区严禁使用电炉、碘钨灯等取暖，煤炭炉取暖必须采取防火、防一氧化碳中毒的措施。

12.2.4 雪天或滑道、电缆结冰的现场外用电梯应停用，梯笼应置于底层。

12.2.5 冬季进行高处作业应采取可靠的防滑、防寒和防冻措施，并应及时清除水、冰、霜、雪。

12.2.6 严禁明火烘烤或开水加热冻结的储气罐、氧气瓶、乙炔瓶、阀门、胶管。

12.2.7 封冻河流上施工应制订专项施工方案，机械设备冰上作业应经论证。

12.2.8 内河凌汛期，水上在建的建（构）筑物和工程船舶等应采取防撞措施，现场上游应布设破冰防线。

12.3 雨季施工

12.3.1 雨季来临前，应检查、修复或完善现场避雷装置、接地装置、排水设施，围堰、堤坝等应采取加固和防坍塌措施，易冲刷部位应采取防冲或导流措施。

12.3.2 现场的脚手架、跳板、桥梁、墩台等作业面应采取防滑措施。

12.3.3 大风、大雨后，应检查支架、脚手架、起重设备、临时用电工程、临时房屋等设施的基础。

12.3.4 雷雨时，不得从事露天作业。

12.4 夜间施工

12.4.1 夜间施工时，作业场所或工程船舶应设置照明设备，照度应满足施工要求。光束不得直接照射工程船舶、机械的操作和指挥人员。

12.4.2 夜间施工时，作业现场的预留孔洞、上下道口及沟槽等危险部位应设置夜间警示标志和警示灯。

12.5 高温施工

12.5.1 作业时间应避开高温时段。

12.5.2 必须在高温条件下的施工作业应采取防暑降温措施。

12.5.3 施工现场的易燃易爆物品应采取防晒措施。

12.6 台风季节施工

12.6.1 在建工程、施工机械设备、临时设施、生活和办公用房应做防风加固，排水沟渠应通畅。

12.6.2 应落实船舶避风锚地、拖轮和人员的转移地点。

12.7 汛期施工

12.7.1 易发生洪水、泥石流、滑坡等灾害的施工现场应加强观测、预警，发现危险预兆应及时撤离作业人员和施工机械设备。

12.7.2 库区及下游受排洪影响地区施工作业应及时掌握水位变化情况。

12.8 能见度不良施工

12.8.1 能见度不良的施工现场不宜施工作业。

12.8.2 能见度不良时水上作业场地应按规定启用声响警示设备和红光信号灯。

12.8.3 船舶雾航必须按《国际海上避碰规则》和《中华人民共和国内河避碰规则》的有关规定执行。停航通告发布后，必须停止航行。

12.8.4 航行中突遇浓雾应立即减速、测定船位，继续航行应符合本规范第12.8.3条规定。

12.9 沙漠地区施工

12.9.1 风沙地区的临时生产、生活设施应满足防风、防沙要求，驻地附近应设置高于15m的红色信号旗和信号灯。

12.9.2 通行车辆技术性能应满足沙漠运行要求，司操人员应接受相应培训。

12.9.3 外出作业每组不得少于3人，并应配备通信设备。

12.9.4 大风来临前，机械设备应按迎风面最小正对风向放置，高耸机械应采取固定、防风措施。

12.10 高海拔地区施工

12.10.1 海拔3000m以上地区施工作业应严格执行高海拔地区有关规定，制定相应规章制度，并应采取有效保障措施。

12.10.2 应设立医疗机构和氧疗室，现场应配备供氧器。

12.10.3 生活区、料库（场）、设备存放场应避开热融可能滑坍的冰锥、冻胀丘、高含冰量的冻土和湖塘等不良地段。

12.10.4 高海拔地区施工驻地周边沼泽地带应设置警示标志。

12.10.5 高海拔地区工作的人员应严格体检，不适合人员不得从事高海拔地区作业。

12.10.6 海拔4 000m及以上地区野外作业每天不宜超过6h，隧道内作业每天不宜超过4h。

附录 A 危险性较大的工程

表 A 危险性较大的工程

序号	类别	需编制专项施工方案	需专家论证、审查
1	基坑开挖、支护、降水工程	1. 开挖深度不小于3m的基坑（槽）开挖、支护、降水工程。 2. 深度小于3m但地质条件和周边环境复杂的基坑（槽）开挖、支护、降水工程	1. 深度不小于5m的基坑（槽）的土（石）方开挖、支护、降水。 2. 开挖深度虽小于5m，但地质条件、周围环境和地下管线复杂，或影响毗邻建（构）筑物安全，或存在有毒有害气体分布的基坑（槽）的土方开挖、支护、降水工程
2	滑坡处理和填、挖方路基工程	1. 滑坡处理。 2. 边坡高度大于20m的路堤或地面斜坡坡率陡于1:2.5的路堤，或不良地质地段、特殊岩土地段的路堤。 3. 土质挖方边坡高度大于20m，岩质挖方边坡高度大于30m，或不良地质、特殊岩土地段的挖方边坡	1. 中型及以上滑坡体处理。 2. 边坡高度大于20m的路堤或地面斜坡坡率陡于1:2.5的路堤，且处于不良地质地段、特殊岩土地段的路堤。 3. 土质挖方边坡高度大于20m，岩质挖方边坡高度大于30m且处于不良地质、特殊岩土地段的挖方边坡
3	基础工程	1. 桩基础。 2. 挡土墙基础。 3. 沉井等深水基础	1. 深度不小于15m的人工挖孔桩或开挖深度不超过15m，但地质条件复杂或存在有毒有害气体分布的人工挖孔桩工程。 2. 平均高度不小于6m且面积不小于1 200m²的砌体挡土墙的基础。 3. 水深不小于20m的各类深水基础
4	大型临时工程	1. 围堰工程。 2. 各类工具式模板工程。 3. 支架高度不小于5m；跨度不小于10m，施工总荷载不小于10kN/m²；集中线荷载不小于15kN/m。 4. 搭设高度24m及以上的落地式钢管脚手架工程；附着式整体和分片提升脚手架工程；悬挑式脚手架工程；吊篮脚手架工程；自制卸料平台、移动操作平台工程；新型及异型脚手架工程。 5. 挂篮。 6. 便桥、临时码头。 7. 水上作业平台	1. 水深不小于10m的围堰工程。 2. 高度不小于40m墩柱、高度不小于100m索塔的滑模、爬模、翻模工程。 3. 支架高度不小于8m；跨度不小于18m，施工总荷载不小于15kN/m²；集中线荷载不小于20kN/m。 4. 50m及以上落地式钢管脚手架工程。用于钢结构安装等满堂承重支撑体系，承受单点集中荷载7kN以上。 5. 猫道、移动模架

续表 A

序号	类别	需编制专项施工方案	需专家论证、审查
5	桥涵工程	1. 桥梁工程中的梁、拱、柱等构件施工。 2. 打桩船作业。 3. 施工船作业。 4. 边通航边施工作业。 5. 水下工程中的水下焊接、混凝土浇注等。 6. 顶进工程。 7. 上跨或下穿既有公路、铁路、管线施工	1. 长度不小于40m的预制梁的运输与安装，钢箱梁吊装。 2. 跨度不小于150m的钢管拱安装施工。 3. 高度不小于40m的墩柱、高度不小于100m的索塔等的施工。 4. 离岸无掩护条件下的桩基施工。 5. 开敞式水域大型预制构件的运输与吊装作业。 6. 在三级及以上通航等级的航道上进行的水上水下施工。 7. 转体施工
6	隧道工程	1. 不良地质隧道。 2. 特殊地质隧道。 3. 浅埋、偏压及邻近建筑物等特殊环境条件隧道。 4. Ⅳ级及以上软弱围岩地段的大跨度隧道。 5. 小净距隧道。 6. 瓦斯隧道	1. 隧道穿越岩溶发育区、高风险断层、沙层、采空区等工程地质或水文地质条件复杂地质环境；Ⅴ级围岩连续长度占总隧道长度10%以上且连续长度超过100m；Ⅵ级围岩的隧道工程。 2. 软岩地区的高地应力区、膨胀岩、黄土、冻土等地段。 3. 埋深小于1倍跨度的浅埋地段；可能产生坍塌或滑坡的偏压地段；隧道上部存在需要保护的建筑物地段；隧道下穿水库或河沟地段。 4. Ⅳ级及以上软弱围岩地段跨度不小于18m的特大跨度隧道。 5. 连拱隧道；中夹岩柱小于1倍隧道开挖跨度的小净距隧道；长度大于100m的偏压棚洞。 6. 高瓦斯或瓦斯突出隧道。 7. 水下隧道
7	起重吊装工程	1. 采用非常规起重设备、方法，且单件起吊重量在10kN及以上的起重吊装工程。 2. 采用起重机械进行安装的工程。 3. 起重机械设备自身的安装、拆卸	1. 采用非常规起重设备、方法，且单件起吊重量在100kN及以上的起重吊装工程。 2. 起吊重量在300kN及以上的起重设备安装、拆卸工程
8	拆除、爆破工程	1. 桥梁、隧道拆除工程。 2. 爆破工程	1. 大桥及以上桥梁拆除工程。 2. 一级及以上公路隧道拆除工程。 3. C级及以上爆破工程、水下爆破工程

附录 B 专项施工方案主要内容

B.0.1 专项施工方案应包括下列主要内容:

1 工程概况：工程基本情况、施工平面布置、施工要求和技术保证条件。

2 编制依据：相关法律、法规、规范性文件、标准、规范及图纸（国标图集）、施工组织设计等。

3 施工计划：包括施工进度计划、材料与设备计划。

4 施工工艺技术：技术参数、工艺流程、施工方法、检查验收等。

5 施工安全保证措施：组织保障、技术措施、应急预案、监测监控等。

6 劳动力计划：专职安全生产管理人员、特种作业人员等。

7 计算书及相关图纸。

附录 C 风险评估报告的内容

C.0.1 风险评估报告应包括下列内容：

1 编制依据：
1）项目风险管理方针及策略。
2）相关的国家和行业标准、规范及规定。
3）项目设计和施工方面的文件。
4）项目各阶段（工程可行性研究、初步设计、详细设计等）审查意见。
5）设计阶段风险评估成果。
2 工程概况。
3 评估过程和评估方法。
4 评估内容：
1）总体风险评估。
2）专项风险评估，包括风险源普查、辨识、分析以及重大风险源的估测。
5 对策措施及建议。
6 评估结论：
1）重大风险源风险等级汇总。
2）Ⅲ级和Ⅳ级风险存在的部位、方式等情况。
3）分析评估结果的科学性、可行性、合理性及存在的问题。

附录 D 特殊作业人员范围

D.0.1 特殊作业人员应包括下列人员：
1. 电工。
2. 焊接与热切割作业人员。
3. 架子工。
4. 起重信号司索工。
5. 起重机械司机。
6. 起重机械安装拆卸工。
7. 高处作业吊篮安装拆卸工。
8. 锅炉司炉。
9. 压力容器操作人员。
10. 电梯司机。
11. 场（厂）内专用机动车司机。
12. 制冷与空调作业人员。
13. 从事爆破工作的爆破员、安全员、保管员。
14. 瓦斯监测员。
15. 工程船舶船员。
16. 潜水员。
17. 国家有关部门认定的其他作业人员。

附录 E 特种设备名录

E.0.1 特种设备包括其所用的材料、附属的安全附件、安全保护装置和与安全保护装置相关的设施。主要包括下列设备：

1 锅炉，是指利用各种燃料、电或其他能源，将所盛装的液体加热到一定的参数，并对外输出热能的设备。其范围规定为容积大于或等于30L的承压蒸汽锅炉；出口水压大于或等于0.1MPa（表压），且额定功率大于或等于0.1MW的承压热水锅炉；有机热载体锅炉。

2 压力容器，是指盛装气体或液体，承载一定压力的密闭设备。其范围规定为最高工作压力大于或等于0.1MPa（表压），且压力与容积的乘积大于或等于2.5MPa·L的气体、液化气体和最高工作温度大于或等于标准沸点的液体的固定式容器和移动式容器；盛装公称工作压力大于或等于0.2MPa（表压），且压力与容积的乘积大于或等于1.0MPa·L的气体、液化气体和标准沸点小于或等于60℃液体的气瓶；氧舱等。

3 压力管道，是指利用一定的压力，用于输送气体或液体的管状设备。其范围规定为最高工作压力大于或等于0.1MPa（表压）的气体、液化气体、蒸汽介质或可燃、易爆、有毒、有腐蚀性、最高工作温度大于或等于标准沸点的液体介质，且公称直径大于25mm的管道。

4 电梯，是指动力驱动，利用沿刚性导轨运行的箱体或沿固定线路运行的梯级（踏步），进行升降或平行运送人、货物的机电设备。包括载人（货）电梯、自动扶梯、自动人行道等。

5 起重机械，是指用于垂直升降或垂直升降并水平移动重物的机电设备。其范围规定为额定起重量大于或等于0.5t的升降机；额定起重量大于或等于1t，且提升高度大于或等于2m的起重机和承重形式固定的电动葫芦等。

6 场（厂）内专用机动车辆，是指仅在工厂厂区、施工场地等特定区域使用的叉车、搬运车、牵引车、推顶车等专用机动车辆。

本规范用词用语说明

1 本规范执行严格程度的用词，采用下列写法：

1） 表示很严格，非这样做不可的用词，正面词采用"必须"，反面词采用"严禁"；

2） 表示严格，在正常情况下均应这样做的用词，正面词采用"应"，反面词采用"不应"或"不得"；

3） 表示允许稍有选择，在条件许可时首先应这样做的用词，正面词采用"宜"，反面词采用"不宜"；

4） 表示有选择，在一定条件下可以这样做的用词，采用"可"。

2 引用标准的用语采用下列写法：

1） 在标准总则中表述与相关标准的关系时，采用"除应符合本规范的规定外，尚应符合国家和行业现行有关标准的规定"。

2） 在标准条文及其他规定中，当引用的标准为国家标准和行业标准时，表述为"应符合《××××××》（×××）的有关规定"。

3） 当引用本标准中的其他规定时，表述为"应符合本规范第×章的有关规定"、"应符合本规范第×.×节的有关规定"、"应符合本规范第×.×.×条的有关规定"或"应按本规范第×.×.×条的有关规定执行"。

附件

《公路工程施工安全技术规范》

(JTG F90—2015)

条 文 说 明

3 基本规定

3.0.2 本条根据《建设工程安全生产管理条例》（国务院第 393 号令）第二十六条和《公路水运工程安全生产监督管理办法》（2007 年交通部 1 号令）第二十三条制定。

3.0.6 本条根据财政部 安全监管总局关于印发《企业安全生产费用提取和使用管理办法》的通知（财企〔2012〕16 号）制定。

3.0.10 材质检验的内容主要为外观、直径、壁厚及力学性能。

3.0.11 本条参考《特种设备安全法》第三十二条和第三十三条制定。

3.0.12 因机械设备安全装置缺失、违章操作导致的事故多发，故做此强制规定。

3.0.15 因货运车辆载运人员事故多发、人员伤亡量大，故做此强制规定。

4 施工准备

4.3 临时码头和栈桥

4.3.4 本条参考《水运工程施工安全防护技术规范》（JTS 205-1—2008）第4.3.3条和《建筑施工高处作业安全技术规范》（JGJ 80—91）第3.1.3条制定。

4.4 施工临时用电

4.4.3 TN–S系统是指在采用保护接零的中性点直接接地系统中，除在中性点作工作接地外，还必须在接地线上一处或多处重复接地，如图4-1所示。

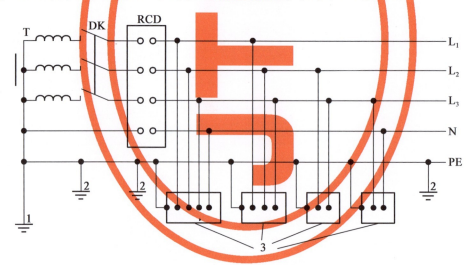

图 4-1 TN-S接零保护系统示意

4.4.6 水上或潮湿地带的电缆线绝缘和防水处理不当易引发触电事故，造成人员伤亡。

4.4.7 本条参考《施工现场临时用电安全技术规范》（JGJ 46—2005）第8.1.3条、第8.2.15条制定，用电设备、开关箱、配电箱、漏电保护器的使用要求概括为"一机一闸一箱一漏"制。

4.4.8 5 本款参考《水运工程施工安全防护技术规范》（JTS 205-1—2008）第

4.4.5条制定。

6 本款参考《施工现场临时用电安全技术规范》（JGJ 46—2005）第8.1.8条制定。

5 通用作业

5.2 支架及模板工程

5.2.5 支架基础经浸泡或冻胀后，承载力降低，易造成支架失稳。加载、卸载不均衡对称，易造成偏载失稳。沙（土）材料吸水性强，雨淋后会增加预压荷载，造成超载。

5.5 电焊与气焊

5.5.10 清洗不彻底易发生爆炸事故。

5.5.15 雨天露天作业或潮湿区域作业易发生触电事故。

5.6 起重吊装

5.6.4 坠落影响范围是指吊物可能坠落的最大范围。

5.6.13 试吊是为了检查起重机的稳定性、制动装置的可靠性、构件的平衡性和绑扎的牢固性，通常先将构件吊离地面0.2~0.3m后停止起吊，进行观察。

5.7 高处作业

5.7.7 坠落高度基准面是指可能坠落范围内最低处的水平面。

5.7.8 安全绳有效长度包括未展开的缓冲器。

5.7.9 安全绳专门用于保护作业人员生命安全，悬吊绳发生断裂时，安全绳才发挥保护作业人员安全的作用。

5.7.29 不按方案顺序拆除，脚手架可能会失稳垮塌。

5.8 水上作业

5.8.1 船舶水上航行、锚泊、靠泊以及工程船舶作业过程中，易与桥梁、大坝、架空高压线、取水泵房、危险品库等构筑物发生触碰事故，抛起锚等作业容易钩挂隧道、水下管线、水产养殖区的网箱等，热带气旋、突风易造成作业船舶和工程结构物的损失。

5.8.4 本条按照《国内航行海船检验证书核查指南》第2.13.1条要求，工程船、起重船、拖船、驳船和顶推船—驳船组合体的检验适用于签发货船适航证书的检验。工程船舶船检证书包括海上货船适航证书、海上船舶吨位证书、海上船舶防止油污证书、海上船舶防止生活污水证书、海上船舶载重线证书。

5.8.5 我国规定200GT及以上的中国籍船舶要配备由我国海事局认可的统一印制的货船或客船应急部署表，船舶应急按性质可分为：消防、救生、堵漏和油污应急4种。

5.8.7 超出核定航区，船舶性能不满足安全要求。

5.8.9 水上工况条件超过施工船舶作业性能时，易发生事故。

5.8.14 为确保落水人员及时获救，救生设备十分必要。

5.8.16 运输船舶在装货时超载、超宽、偏载及卸货时不均匀卸载易导致船舶倾覆或沉没。

5.8.19 防止误操作，导致桩锤运动对检修或加油人员造成伤害。

5.8.20 履带吊、打桩架等设备在船上的位置对船舶稳性影响大。

5.8.22 水中围堰（套箱）和水中作业平台如果不设置警示标志和夜间航行警示灯光信号，过往船舶可能误入施工水域发生碰撞，在通航密集水域可能出现船舶故障或失控情况，故配备警戒船和应急拖轮对保护工程结构物安全十分必要。

5.9 潜水作业

5.9.5 深潜作业后减压不当，会出现体内原已溶解的气体超过了过饱和界限，并在血管内外及组织中形成气泡所致的全身性疾病，俗称减压病。在减压后短时间内或减压过程中发病者为急性减压病，主要发生于股骨、肱骨和胫骨，缓慢演变的缺血性骨或骨关节损害为减压性骨坏死等，故做此要求。

5.9.7 为防止过往船舶靠近潜水作业区，威胁潜水员人身安全。夜间号灯为显示红光环照灯，白天号型为"A"字信号旗。

5.9.9 为防止对潜水员造成伤害。

5.9.13 1 防止尖锐物体割破潜水服、供气管或割伤潜水员身体。
2 沉井和大直径护筒内侧水压力大于外侧，便于潜水员进行水下作业，节省潜水员体力。
3 防止沉井或大直径护筒意外下沉，对潜水员造成伤害。

5.10 爆破作业

5.10.6 防止爆破过程中对人员造成伤害。

5.11 小型机具

5.11.9 2台及以上手拉葫芦同时起吊容易因受力不均导致单个手拉葫芦超载断裂。

5.12 涂装作业

5.12.1 涂装材料多为易燃易爆物品，易发生火灾事故。

5.12.3 本条参考《涂装作业安全规程 有限空间作业安全技术要求》（GB 12942—2006）制定。

6 路基工程

6.4 石方工程

6.4.2 为控制爆破影响范围，便于现场安全管控。

6.5 防护工程

6.5.3 原规程第6.2.8.4条（2）规定："二氧化碳含量超过0.3%时，应采取通风措施。对含量虽不超过规定，但作业人员有呼吸不适感觉时，亦应采取通风或换班作业等措施"，但在实际施工中，如不保持连续送风，随着二氧化碳含量的增加或氧气含量的减少，也将导致窒息事故；原规程第6.2.8.5条规定"人工挖孔深度超过10m时，应采用机械通风"。但施工过程中曾多次发生孔深小于10m，操作人员、救援人员中毒造成伤亡的情况，特别是炎热的夏季此类事故更易发生。因此本条规定只要在桩孔内施工作业均应持续通风。

本规范目前采用的是《环境空气质量标准》（GB 3095—1996）中三级标准浓度限值，见表6-1。

表6-1 空气浓度限值

污染物名称	取值时间	浓度限值	浓度单位
二氧化硫 SO_2	年平均	0.1	mg/m^3
	日平均	0.25	
	1小时平均	0.7	
总悬浮颗粒物 TSP	年平均	0.3	mg/m^3
	日平均	0.5	
可吸入颗粒物 PM_{10}	年平均	0.15	mg/m^3
	日平均	0.25	
氮氧化物 NO_x	年平均	0.1	mg/m^3
	日平均	0.15	
	1小时平均	0.3	
二氧化氮 NO_2	年平均	0.08	mg/m^3
	日平均	0.12	
	1小时平均	0.24	

续表6-1

污染物名称	取值时间	浓度限值	浓度单位
一氧化碳 CO	日平均	6	mg/m^3
	1小时平均	20	
臭氧 O_3	1小时平均	0.2	mg/m^3
铅 Pb	季平均	1.5	mg/m^3
	年平均	1	
苯并[a]芘 B[a]P	日平均	0.01	$\mu g/m^3$

16 本款根据《公路桥涵施工技术规范》（JTG/T F50—2011）第8.6.3条第4款、并参考《铁路桥涵工程施工安全技术规程》（TB 10303—2009）第3.6.6条制定，但规定拆除护壁模板时，混凝土强度应达到的强度等级由2.5MPa以上提高到5MPa以上。

8 桥涵工程

8.4 沉入桩

8.4.4 3 本款参考《水运工程施工安全防护技术规范》（JTS 205-1—2008）第7.2.7条、第7.2.9条制定。

8.12 拱桥

8.12.9 1 转动体系的重心不准轻则造成偏转，重则导致转体倾覆或拉索断裂；临时配重不进行锚固，转动过程中配重易发生偏移。

3 转动铰低于水面设围堰保护，是将湿施工转化为干施工，避免在水下进行转体作业，增加作业难度；转动铰低于地平面开挖基坑是为转体施工创造作业空间；围堰和基坑周围的防护措施是为避免外界因素对转体施工造成干扰。

7 转速过快易发生超转、偏转，不利于及时调整转体姿态，同时还会对千斤顶造成损害。本款参考《公路桥涵施工技术规范》（JTG/T F50—2011）第15.5.3条制定。

8 本款规定是为避免静摩擦阻力过大，导致牵引索拉断。

8.12.10 1 索力、轴线、高程对转体的稳定性、系统受力及转体姿态至关重要，是保证转体施工安全顺利完成的重要因素，因此施工过程中一定要加强监测。

5 张拉过程中各索内力相对偏差过大，易造成扣索受力不均，导致转体侧移。

6 本条参考《公路桥涵施工技术规范》（JTG/T F50—2011）第15.5.4条制定。

8.12.11 1 钢丝绳的弹性模量一般为206GPa，钢绞线的弹性模量为1.93～1.96 GPa，故钢丝绳的变形量小，容易脆断；此外钢丝绳采用卷扬拉动，摩擦阻力大，而钢绞线靠夹片咬合，故在安全系数选择时，选用钢丝绳的安全系数较大。

5 本款参考《公路桥涵施工技术规范》（JTG/T F50—2011）第15.5.5条制定。

8.13 斜拉桥

8.13.1 2 装设测风仪是为测量风速和风向，确保起重作业时风速不超过规定要求。

4 斜拉桥的索塔、横梁大多属于30m以上高处作业，防止高处坠落，做好临边防护尤为重要。考虑索塔、横梁施工高空消防和减少风载的需要。

8 作业人员通过爬梯攀爬超过40m的高度,容易疲劳而引发事故。且沿塔身制作、安装超过40m高度的爬梯,作业难度和危险性都较大;爬梯使用期间,焊接点、栓接点的检查维护难以到位;爬梯拆除和塔身外壁修补危险性增大。根据高塔施工的有关事故案例,故做此规定。

8.13.3 7 钢箱梁吊装到位后,梁端之间有连接,摩擦阻力较大,如果用桥面悬臂吊机强行调整梁段之间的缝宽及梁端高程,容易导致桥面吊机倾覆或钢绞线拉断箱梁坠落。

11 箱梁内的焊接作业会产生一氧化碳、一氧化氮、氟化氢、氧化锰等有毒有害气体,对人身健康产生危害。

8.13.5 2 斜拉索展开时扭力释放会导致索体翻转,发生事故。

3 塔端挂索施工平台多在30m以上,属于特级高处作业,作业平台的稳固性及临边防护极为关键。

8.14 悬索桥

8.14.3 试爆目的是为取得爆破相关参数,以便指导后期正式爆破参数选定,达到控制爆破的效果,确保隧道结构安全。

8.17 涵洞与通道

8.17.5~8.17.6 有水时,顶进涵(桥)周围土体力学性能急剧下降,另外,雨水还容易带走沙土,造成土体的松散,对顶进作业非常不利,极易引起事故。

9 隧道工程

9.1 一般规定

9.1.17 隧道内存放汽油、柴油、煤油、变压器油、雷管、炸药等易燃易爆物品易发生火灾事故。

9.3 开挖

9.3.13 Ⅳ级及以上围岩是指Ⅳ级、Ⅴ级、Ⅵ级围岩。

9.7 辅助坑道

9.7.2 斜井、竖井井口是施工的重要通道，坑道口的截水、排水系统和防冲刷设施、斜井洞门、竖井锁口圈，均应及时建成，以保证正洞施工的安全顺利进行。

9.9 通风、防尘及防有害气体

9.9.1 3 本款参考《公路隧道施工技术规范》（JTG F60—2009）第13.0.4条制定。

4 本款规定是为防止因通风机故障或停电造成通风机停机，导致洞内有毒有害气体和粉尘超过规定标准，危及洞内作业人员的人身安全。

9.9.2 本条第1~3款参考《公路隧道施工技术规范》（JTG F60—2009）第13.0.1条制定。

9.10 风、水、电供应

9.10.3 5 本款是参考有关电力工程、电气设备安装的规定，并结合隧道施工的具体情况综合制定的。

7~8 为保证用电安全做此规定。

10 本款参考《公路隧道施工技术细则》(JTG/T F60—2009)第12.3.1条制定。

9.11 不良地质和特殊岩土地段

9.11.2 1 隧道通过岩溶地区一般设计上只简单提供溶洞里程和大概规模及类型，更为详细的情况应在隧道的开挖或超前预报中才能逐渐掌握。

9.11.8 第6款参考《公路隧道施工技术规范》(JTG F60—2009)第16.6.6条制定。

9.11.9 本条为防止瓦斯隧道爆炸事故发生。

9.11.10 本条为防止电气设备和作业机械工作时产生火花引爆瓦斯。

9.12 盾构施工

9.12.1 1 盾构反力架的整体倾斜度应与盾构基座的安装坡度一致，以防止反力架偏心受力。
3~4 洞门围护结构破除要连续作业，尽量缩短施工时间，破除后盾构刀盘及时靠上开挖面，尽量缩短开挖面暴露的时间，目的是防止开挖面失稳。
6 盾构始发时，由于盾构周围无摩擦力，盾构易扭转。

9.12.2 1 盾构始发进入起始段施工是掌握、摸索、了解、验证盾构适应能力及施工规律的过程。
2 适当保持土仓压力平衡的目的是控制地表变形和确保开挖面的稳定。适当保持泥水仓内压力平衡的目的也是控制地表变形和确保开挖面的稳定。
3 由于盾构自重大，长时间停机可能会造成盾构下沉。

9.12.4 1 本款是为确保接收工作井端头地基加固效果和洞门密封效果，并控制围护结构破除过程，防止盾构到达掘进扰动引起端头地层发生过大变形、坍陷、涌沙或涌水。
2 为防止由于盾构推力过大以及盾构切口正面土体挤压而损坏工作井洞门结构，应控制掘进参数和出土量。

9.12.5 1 避免在移动过程中托架或小车受损破坏。
4 由于盾构重量大、体积大，因此应加强牵引和顶推的安全管理。

9.12.7 3 后建隧道的施工与先行隧道相互影响,会产生结构变形、地表下沉等不良现象,因此需要采取控制措施。

10 交通安全设施

10.4 交通标线

10.4.3 投料量过大,易发生熔料飞溅伤人。

11 改扩建工程

11.1 改扩建

11.1.1 交通组织方案是改扩建工程交通管理的重要依据，特别是交通量大的高速公路，因承担运输任务量大，一旦扩建施工对通行能力影响较大，因此需要制定交通组织方案，保证安全。同时交通组织方案实施后，因施工、车辆碰撞、恶劣天气、材料老化等原因会导致施工区交通控制设施的损坏，影响视认，因此应定期对交通安全设施进行检查和维护，保证其有效性。

11.1.5 本条规定主要是考虑满足会车要求。

12 特殊季节与特殊环境施工

12.2 冬季施工

12.2.3 使用电炉、碘钨灯取暖易发生火灾事故，煤炭炉取暖易发生一氧化碳中毒事故。

12.2.6 明火烘烤或开水加热冻结的储气罐、氧气瓶、乙炔瓶、阀门、胶管易发生爆炸或火灾事故。

12.8 能见度不良施工

12.8.3 避免因能见度不良发生船舶水上交通事故。

12.10 高海拔地区施工

12.10.1 以海拔3 000m为高海拔地区界定标准，是因为从医学和工程实际角度出发，在海拔3 000m地区易出现较明显的高原反应。

附录 A 危险性较大的工程

《建设工程安全生产管理条例》（国务院第 393 号令）第二十六条中将危险性较大的分部分项工程分为 7 类：

1. 基坑支护与降水工程；
2. 土方开挖工程；
3. 模板工程；
4. 起重吊装工程；
5. 脚手架工程；
6. 拆除、爆破工程；
7. 国务院建设行政主管部门或者其他有关部门规定的其他危险性较大的工程。

《公路水运工程安全生产监督管理办法》（2007 年交通部 1 号令）第二十三条中将危险性较大的工程分为 10 类，但未规定达到一定规模的危险性较大工程量化指标：

1. 不良地质条件下有潜在危险性的土方、石方开挖；
2. 滑坡和高边坡处理；
3. 桩基础、挡墙基础、深水基础及围堰工程；
4. 桥梁工程中的梁、拱、柱等构件施工等；
5. 隧道工程中的不良地质隧道、高瓦斯隧道、水底海底隧道等；
6. 水上工程中的打桩船作业、施工船作业、外海孤岛作业、边通航边施工作业等；
7. 水下工程中的水下焊接、混凝土浇注、爆破工程等；
8. 爆破工程；
9. 大型临时工程中的大型支架、模板、便桥的架设与拆除；桥梁、码头的加固与拆除；
10. 其他危险性较大的工程。

表 A 编写以《公路水运工程安全生产监督管理办法》（2007 年交通部 1 号令）规定的 10 类为基础，结合《建设工程安全生产管理条例》（国务院第 393 号令）的有关要求以及公路施工特点，按照先基础后主体、先普通后特殊的原则，将公路工程危险性较大的工程分为 8 类、33 项，并明确了需专家论证、审查的 32 项工程。修订后的附录 A，补充和细化了《公路水运工程安全生产监督管理办法》（2007 年交通部 1 号令）中的相关规定，明确了需专家论证、审查的工程规模。